INTRODUCCIÓN

Nosotras dos, Anja Brunt y Tineke Meirkin, tenemos algo en común. Cuando vamos andando por la calle, por la playa o por el bosque… por cualquier sitio, tendemos a ir con la cabeza gacha. No es que seamos extremadamente tímidas ni nada por el estilo: solo es que siempre estamos en busca de hallazgos por el suelo o en la basura, de residuos que consideramos tesoros y que merece la pena reutilizar. Estamos hablando de basura *con historia*. Puede que lleve años por ahí tirada. Está estropeada, rota, carece de utilidad… pero nos encanta. Nos fascina todo aquello que lo mundano puede tener de hermoso.

Por eso decidimos aunar fuerzas y concebir un libro que celebra la belleza de los objetos inútiles. Presentamos obras de 15 artistas internacionales que utilizan residuos en sus creaciones. Los materiales van desde el cartón al metal, del plástico a la madera… hay todo tipo de cosas.

El auge del reciclaje y la cultura de la fabricación propia nos dio la idea de combinar esta serie de trabajos tan esmerados con proyectos *do it yourself*, que aquí presentamos acompañados de instrucciones paso a paso. De esta manera, en las siguientes páginas te brindamos las claves para descubrir lo hermosa y útil que puede llegar a ser la basura.

¡La basura mola!

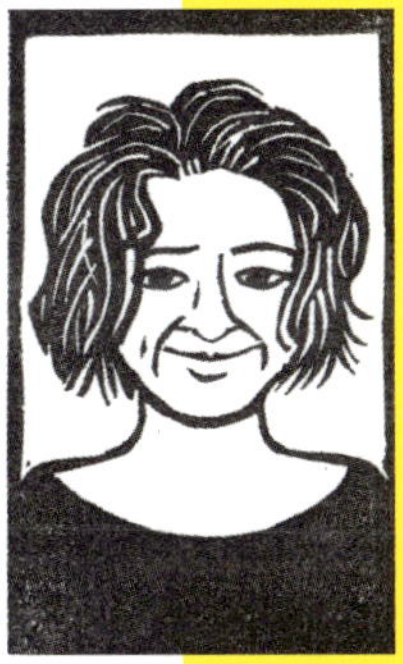
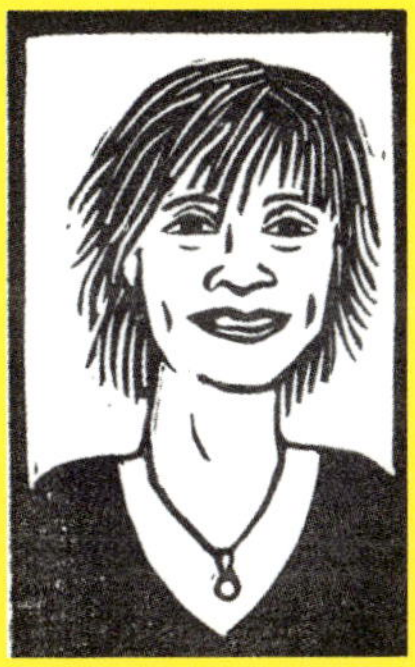

Anja y Tineke

ARTISTAS

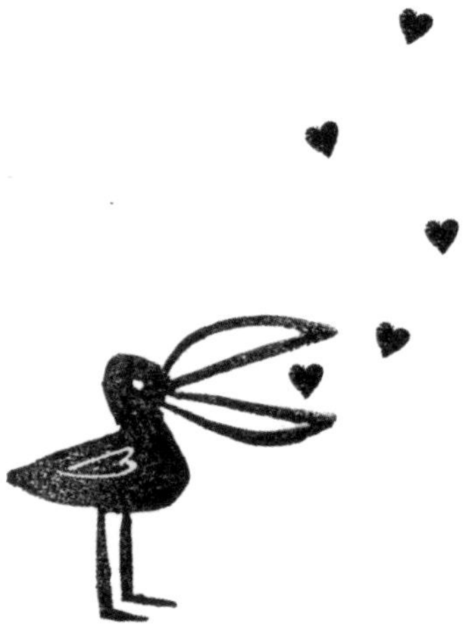

PÁGINAS DIY

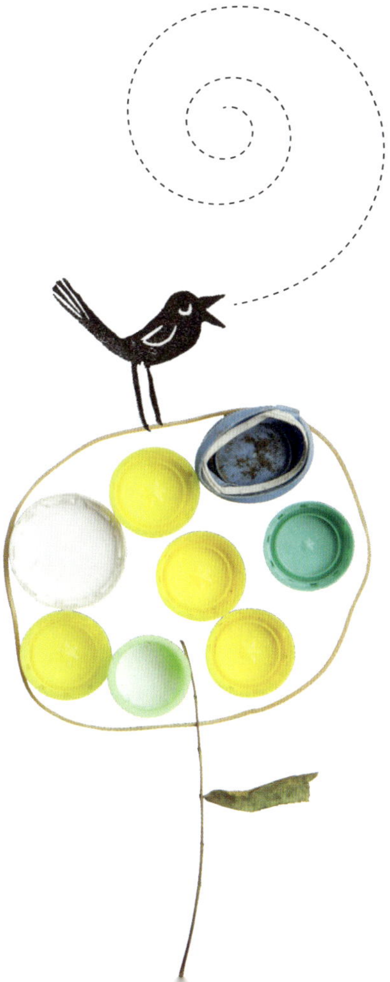

STUDIO FLUDD
UTENSILIOS HUMILDES

Studio Fludd es un colectivo de creación multidisciplinar fundado en Venecia (Italia) en 2008. El grupo toma su nombre del alquimista Robert Fludd, pues comparte su mismo objetivo de trasmutar la materia base a partir de procesos empíricos. Sus proyectos experimentan con mezclas y combinaciones: del diseño gráfico a las ilustraciones, de la impresión a las instalaciones, pasando por los diseños de fabricación propia, siguiendo todos una misma línea artística. El *leitmotiv* de sus trabajos tiene que ver con un tratamiento muy fluido de los lenguajes visuales y un marcado interés por el carácter artesanal.

El colectivo promueve activamente la educación visual por medio de proyectos artísticos públicos, talleres itinerantes y charlas. Sus trabajos se han expuesto en distintos países, y en museos y festivales como el MART (Trento y Rovereto), Somerset House (Londres), Lustr (Praga); MaXXI (Roma) y La Trienal (Milán). Studio Fludd está formado por Matteo Baratto (1986), Caterina Gabelli (1984) y Sara Maragotto (1986).

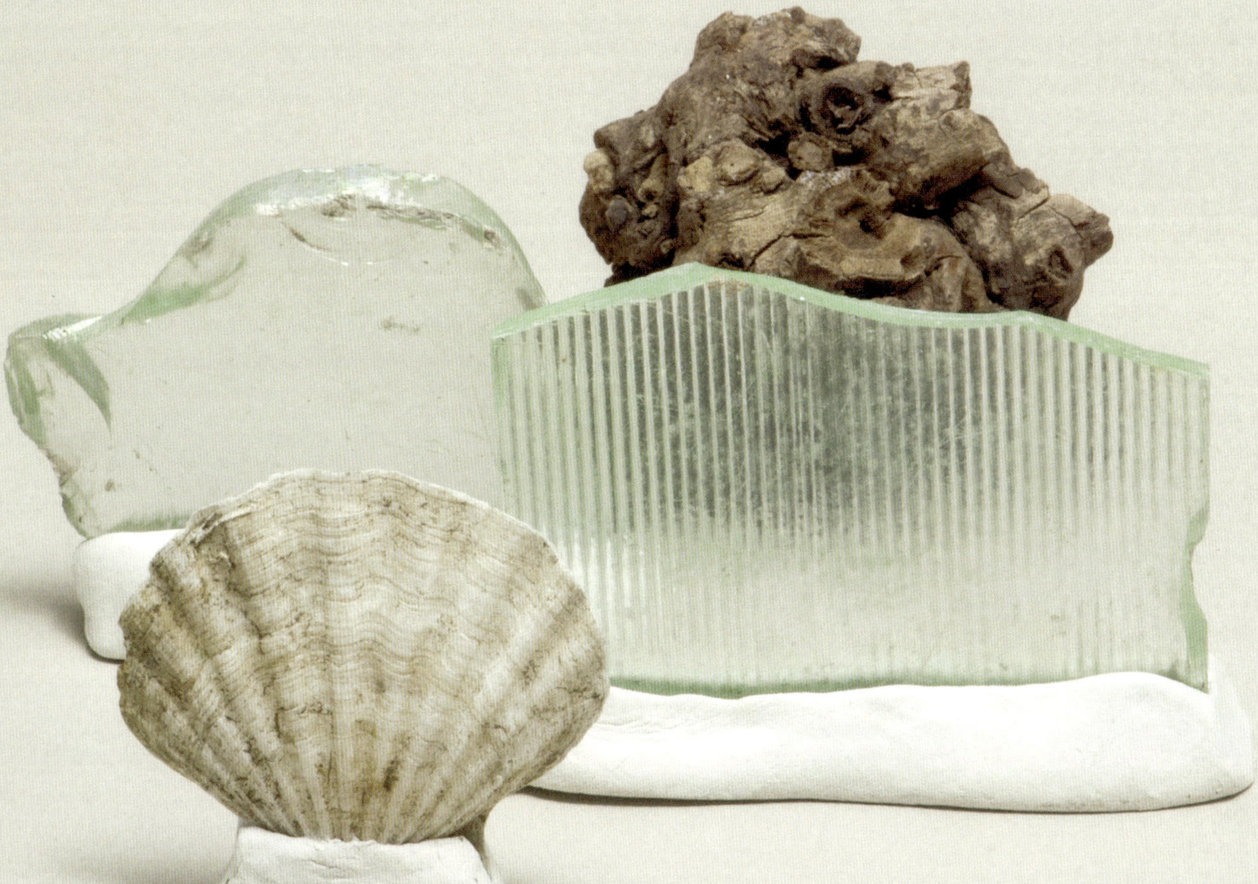

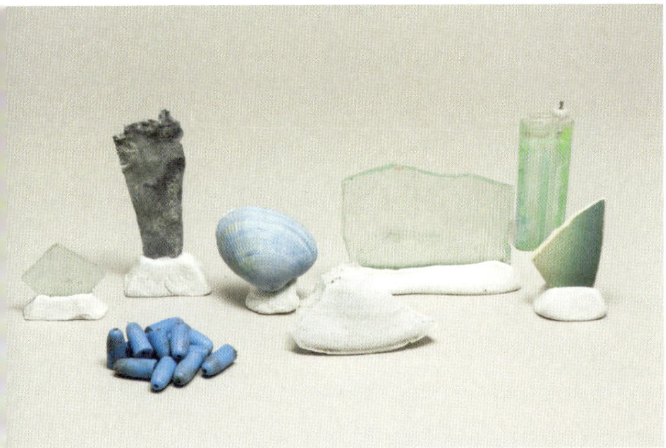

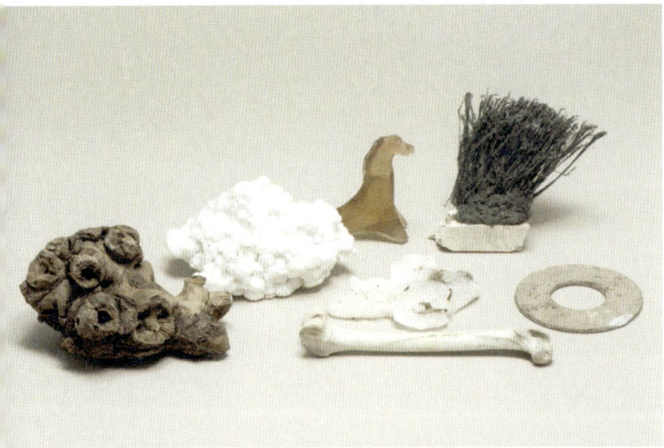

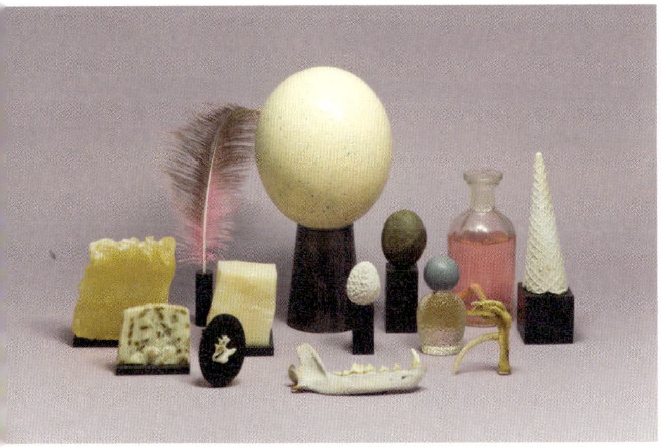

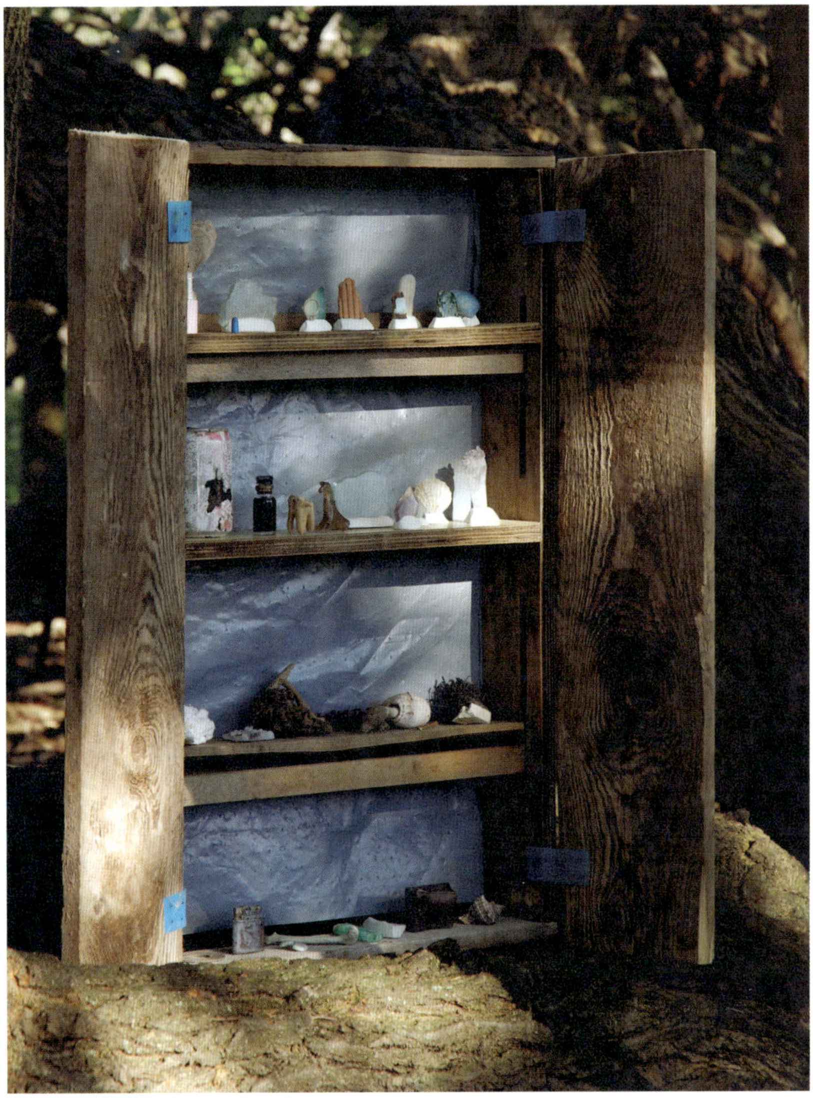

Utensilios humildes

En el año 2013, el colectivo artístico How We Dwell nos invitó a colaborar en uno de sus proyectos. Pasamos una semana entera en la preciosa isla de La Certosa, frente a la costa de Venecia. Era casi como un desierto.

Llegamos a nuestro alojamiento transitorio en una barca de remos, en medio de una fuerte ventisca. Había una carpa verde y un intrigante kit de herramientas y materiales de trabajo, los que íbamos a utilizar durante la semana siguiente. Decidimos experimentar e interpretar la isla en su conjunto, reaccionando a las sugerencias naturales que nos iban haciendo los distintos espacios con forma de habitación. Muy meticulosamente, fuimos recolectando hallazgos tanto naturales como artificiales, reliquias y basura, que fuimos combinando para crear mobiliario y adornos. Con los materiales encontrados, con los materiales de los que nos habían provisto y con algunas herramientas (clavos, tintas, plastilina, tiras de plástico), concebimos cinco estancias: la cocina, la sala de estar, el dormitorio, la playa meditativa, el laboratorio alquímico y el gabinete de maravillas.

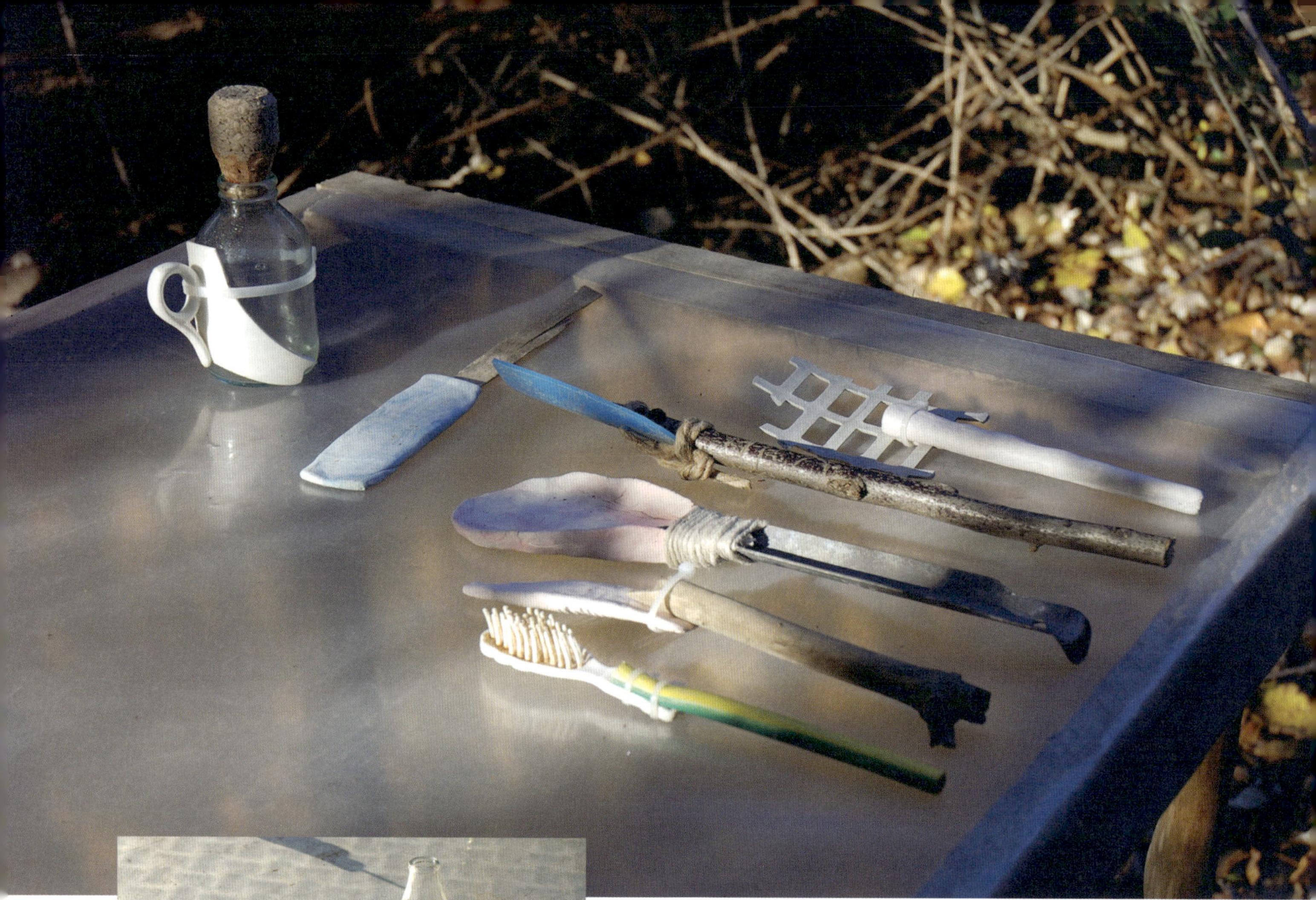

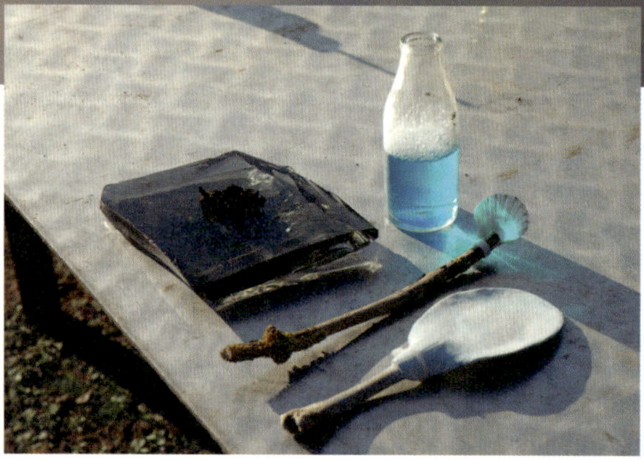

¿Dónde os conocisteis?
Sara y Matteo se conocieron en el instituto, y Sara y Caterina en la Academia de Bellas Artes de Venecia. Así que podemos decir que las nuestras son relaciones duraderas.

¿Cómo os las arregláis para trabajar como colectivo viviendo en ciudades distintas?
Obviamente no es fácil y entra mucho en juego el uso de Skype y del email. Todavía hoy seguimos tratando de dar con la manera óptima de operar para sacar el máximo partido a esta situación tan "contemporánea". Por suerte, nos ubicamos a lo largo de una línea recta de oeste a este por todo el norte de Italia (Turín-Milán-Venecia), así que podría ser peor.

¿Tenéis cada uno su especialidad?
Nuestro método creativo y operativo está muy interconectado y resulta muy fluido. Matteo se encarga de los gráficos y los diseños 3D; todo se hace de manera precisa, limpia y detallada. Caterina se dedica a la fotografía y el dibujo a mano alzada. A Sara le van más el trabajo de documentación visual, el desarrollo de contenidos y la comunicación en general.

¿Desarrolláis a menudo proyectos con otros artistas, como el de *Utensilios humildes*?
Nos gustaría, aunque no siempre es fácil trabajar, como equipo, con otros colectivos. Nosotros siempre hemos tendido a asumir funciones de comisariado, por eso es muy interesante y refrescante cuando se nos da la oportunidad de desarrollar nuestra alma más creativa y salvaje.

www.studiofludd.com

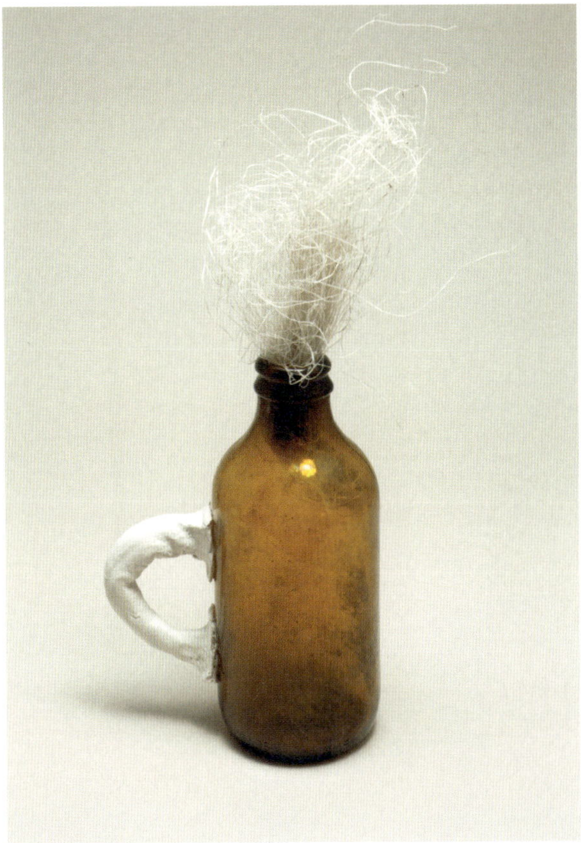

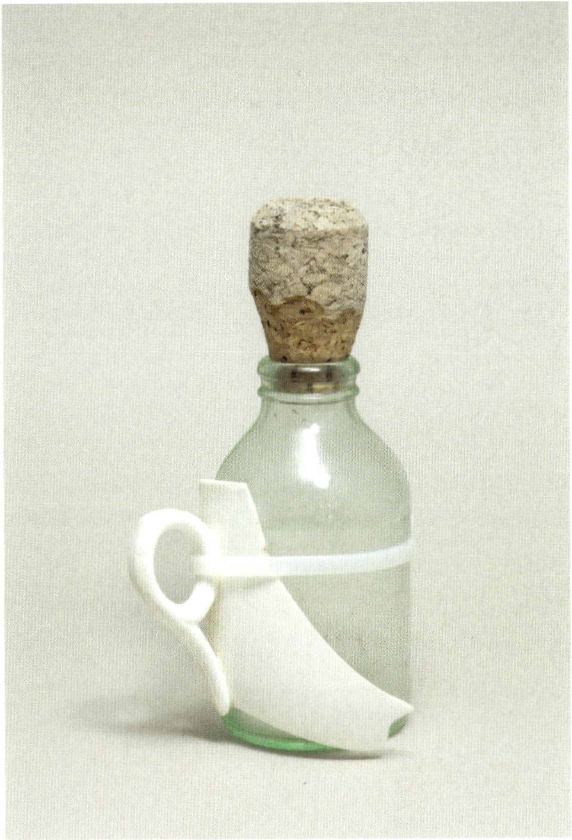

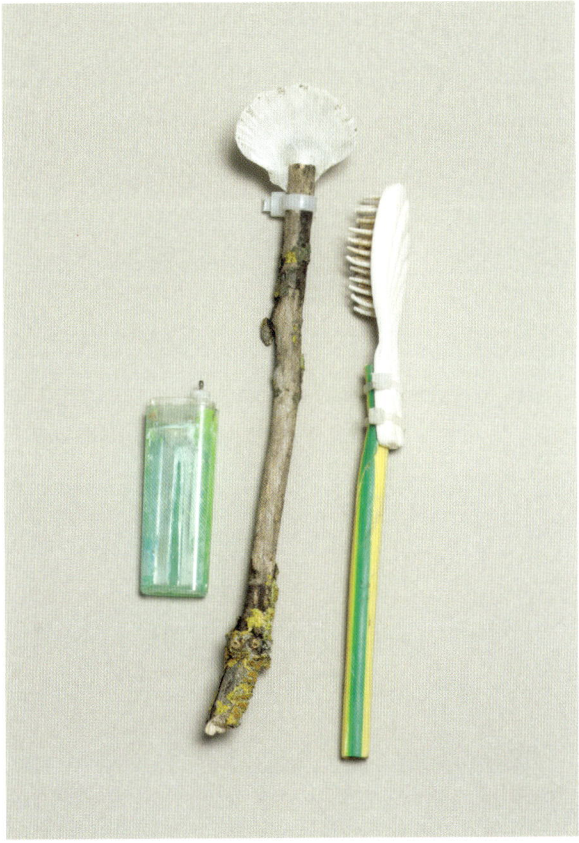

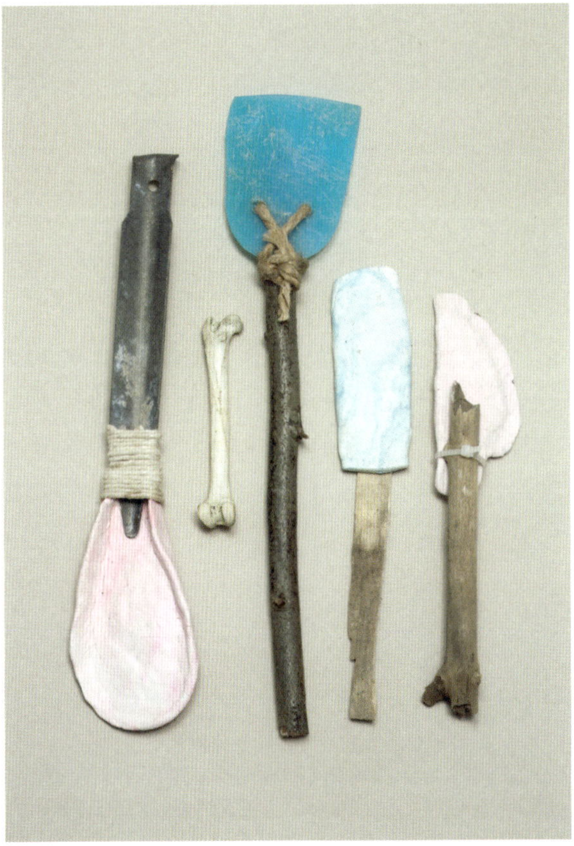

PINCELES HECHOS A MANO

Para hacer tus propios pinceles necesitas tres elementos:

1. Un mango, ya sea en forma de rama, clavo, palo, lápiz, pajita, broche o llave hexagonal…

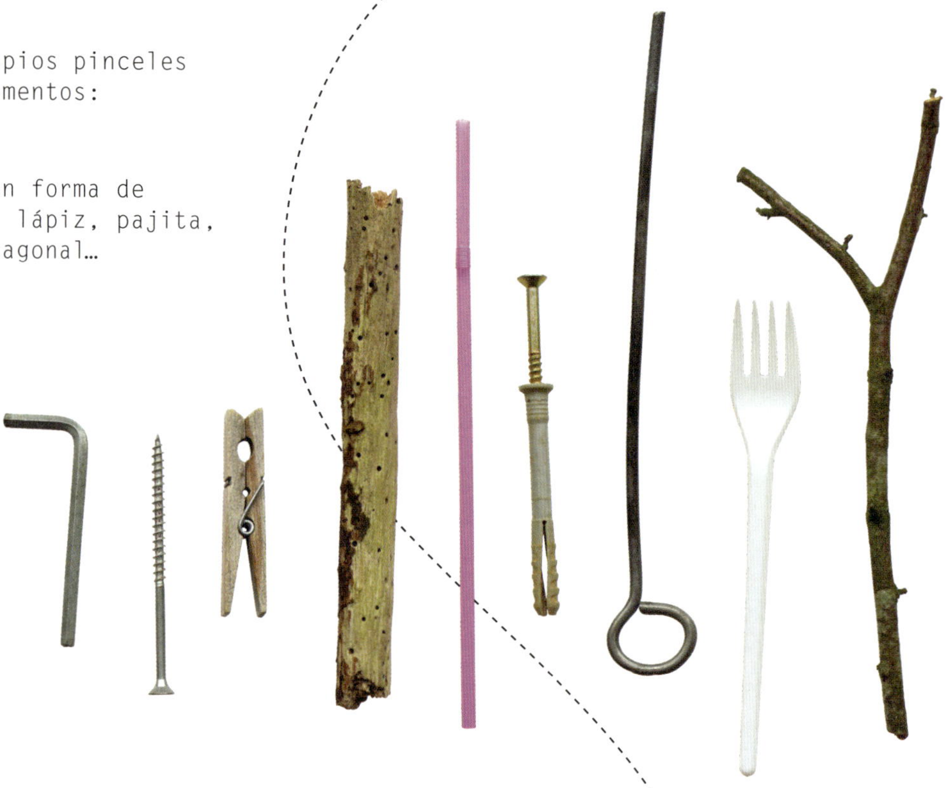

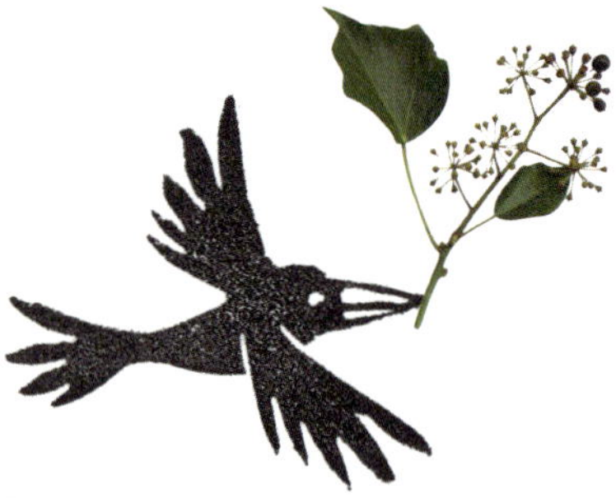

2. Algo que sirva para pintar; pueden ser alambres, hierba, pequeñas ramas, un trozo de queso (¿por qué no?), clavos o plumas…

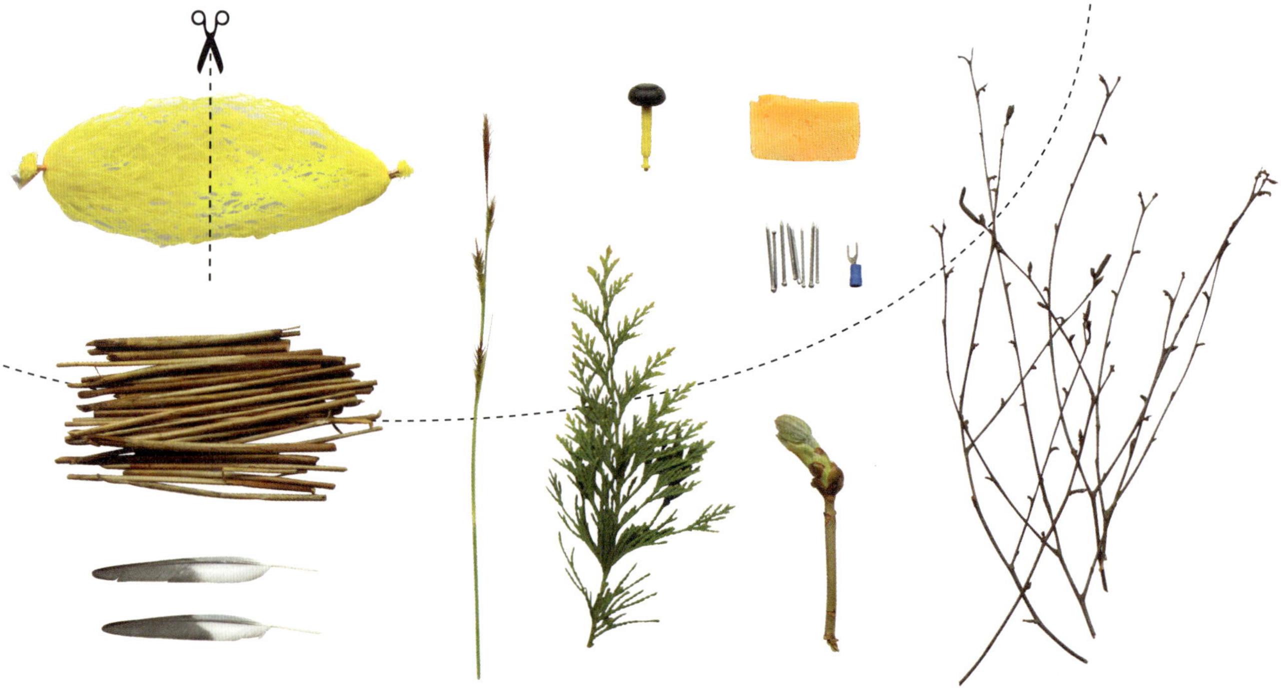

③ Algo de cuerda, cinta, bridas, alambre o gomas elásticas, que permitan fijar el primer objeto al segundo.

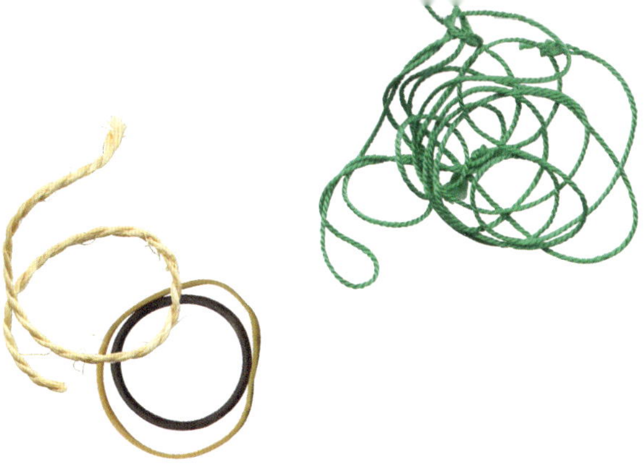

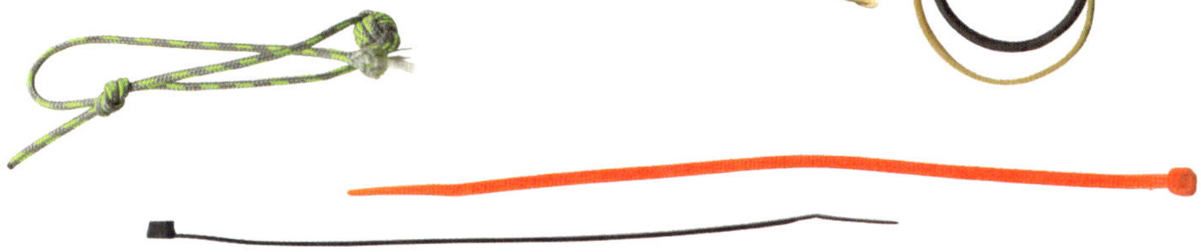

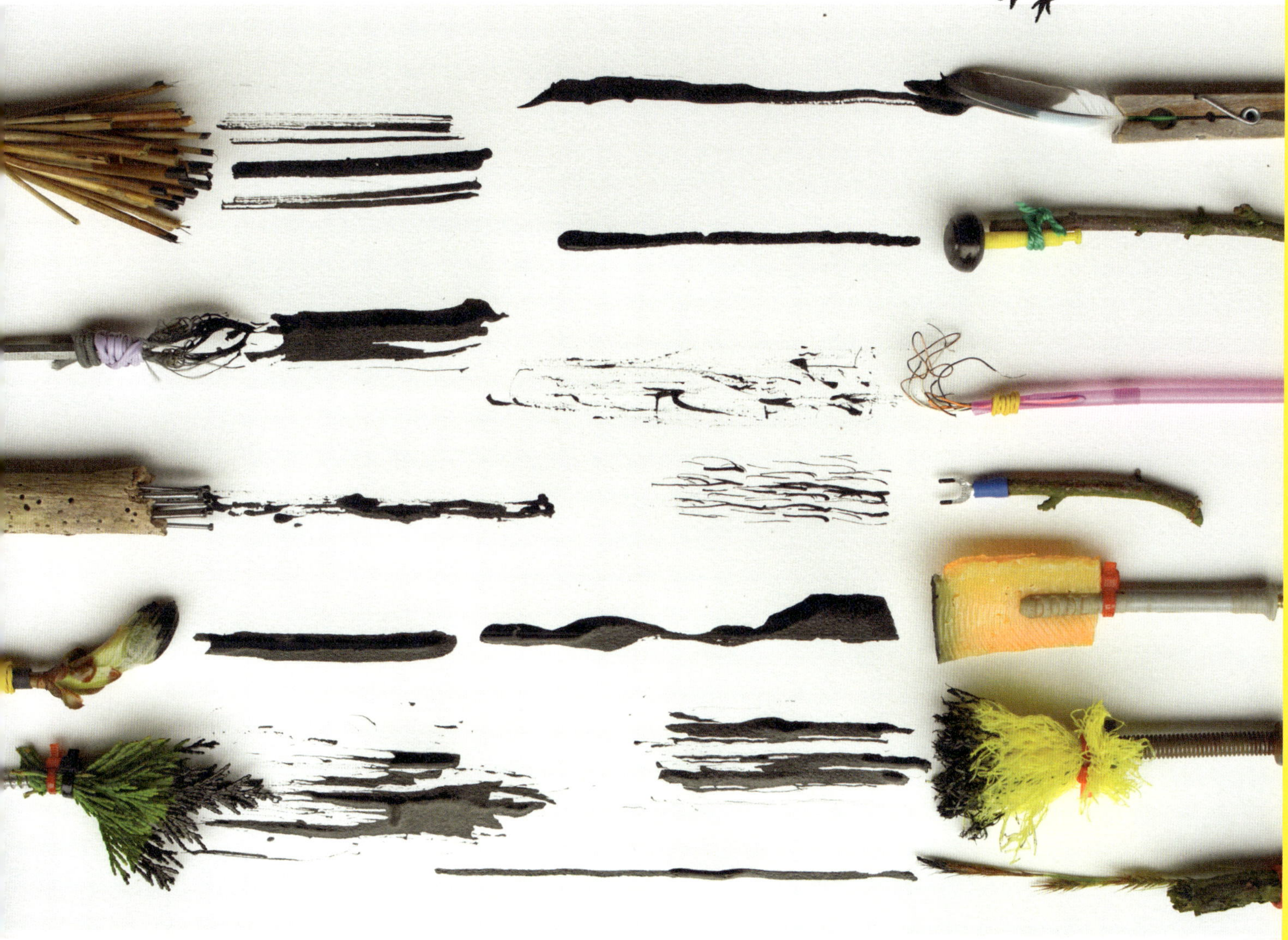

④ Haz pruebas con todos los materiales y procura inventar a partir de distintas combinaciones. No tengas miedo: la clave es ir probando.

Y cuando tengas listos los pinceles, ¡mójalos en pintura y sorpréndete!

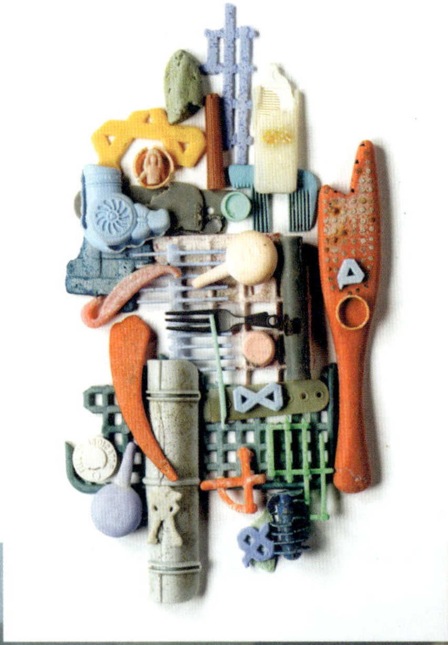

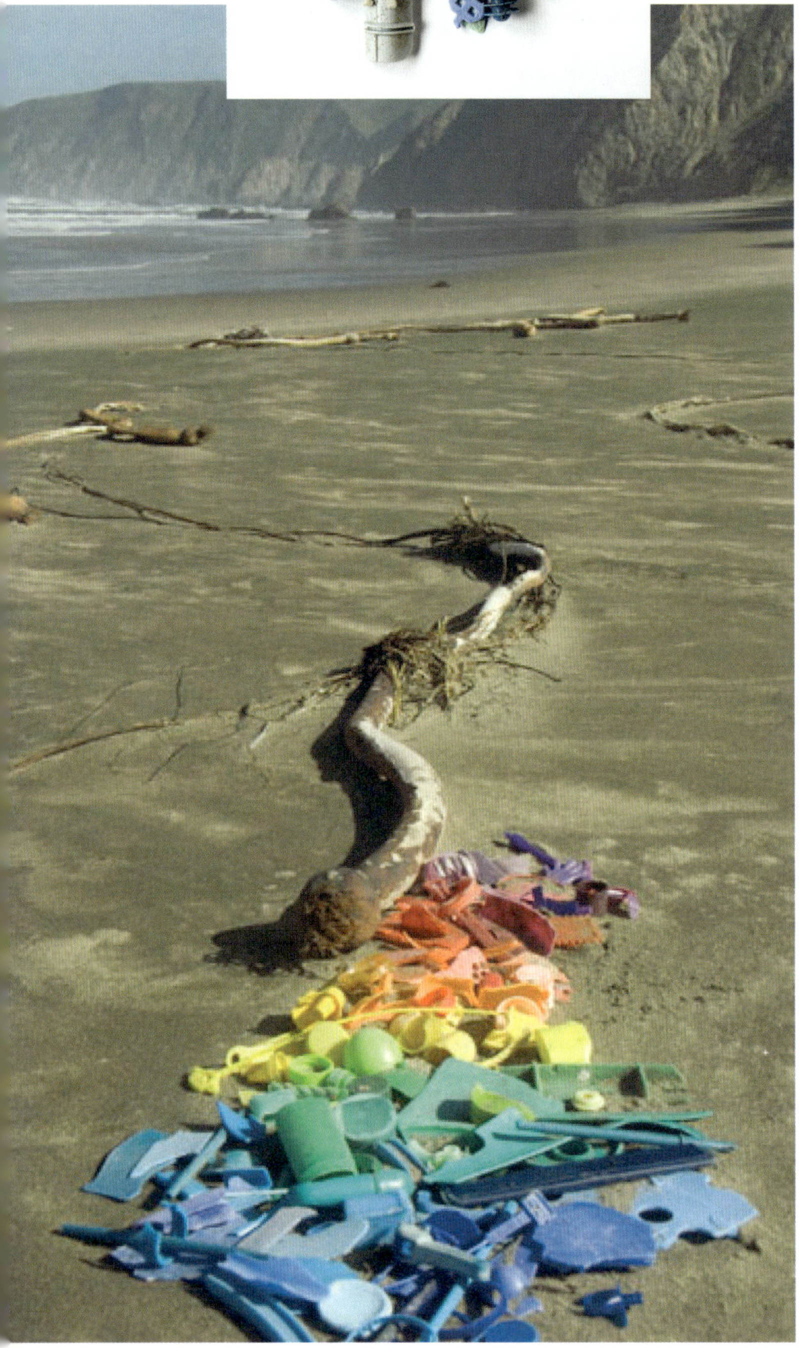

RICHARD LANG Y JUDITH SELBY LANG TODO EL PLÁSTICO DE UNA PLAYA

Richard Lang y Judith Selby Lang colaboran en un proyecto en curso que consiste en recoger el plástico que trae la marea a Kehoe Beach, en la zona costera de Point Reyes de California, en Estados Unidos. Desde 1999 se han centrado en una franja de tan solo 1000 metros de orilla de esa misma playa. Su trabajo artístico se ha expuesto en más de 60 muestras en galerías, museos y centros educativos y científicos, y también forma parte de innumerables colecciones privadas.

Richard y Judith fueron citados como coautores en un informe de la Universidad de Tokio sobre las concentraciones de sustancias contaminantes en las piezas de plástico, publicado en 2009 en el *Marine Pollution Bulletin*. También han participado en varios programas de televisión (*PBS Newshour, The Travel Channel y The Today Show*). Su trabajo ha sido objeto de 10 reportajes en vídeo de corta duración.

Plastic Forever - Finding Meaning in the Mess es el título provisional de su próximo libro, dedicado a sus aventuras artísticas con todo tipo de plásticos.

Cuando no está en la playa ni en el estudio, Richard ejerce de presidente de Electric Works, un estudio de impresión artística ubicado en el distrito SOMA de San Francisco. Tiene una licenciatura en Humanidades por la George Washington University de Washington, D. C., y un máster en Bellas Artes por la Universidad de Wisconsin. Judith Selby Lang es directora de finanzas y comunicación de Electric Works. Tiene una licenciatura en Humanidades por el Pitzer College y un máster en artes interdisciplinares por la San Francisco State University.

Aunque las noticias sobre la contaminación por residuos plásticos son desasosegantes, Richard y Judith combaten las aciagas perspectivas con la divertida empresa de buscar estos tesoros y el disfrute de utilizarlos en el desarrollo de su creatividad.

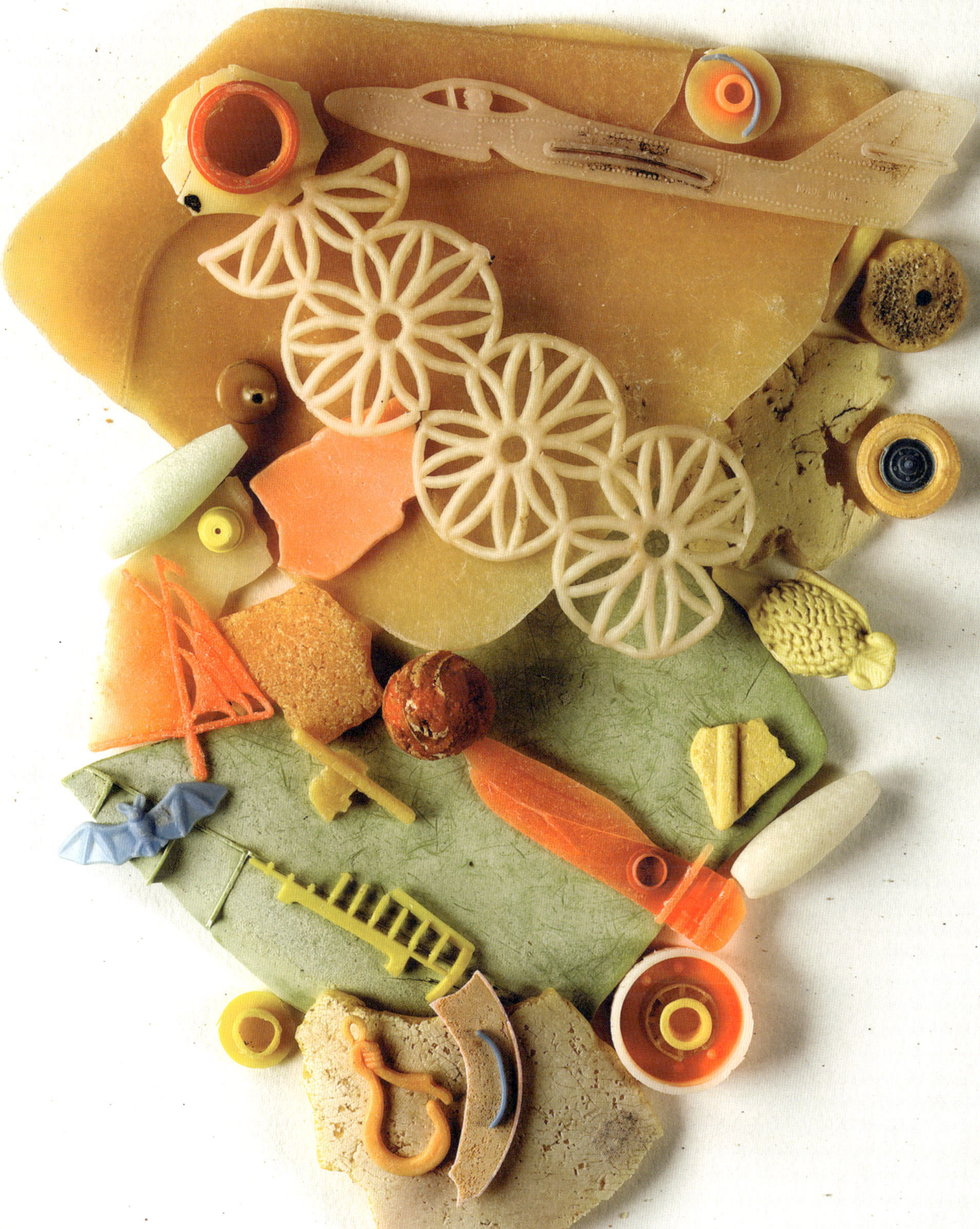

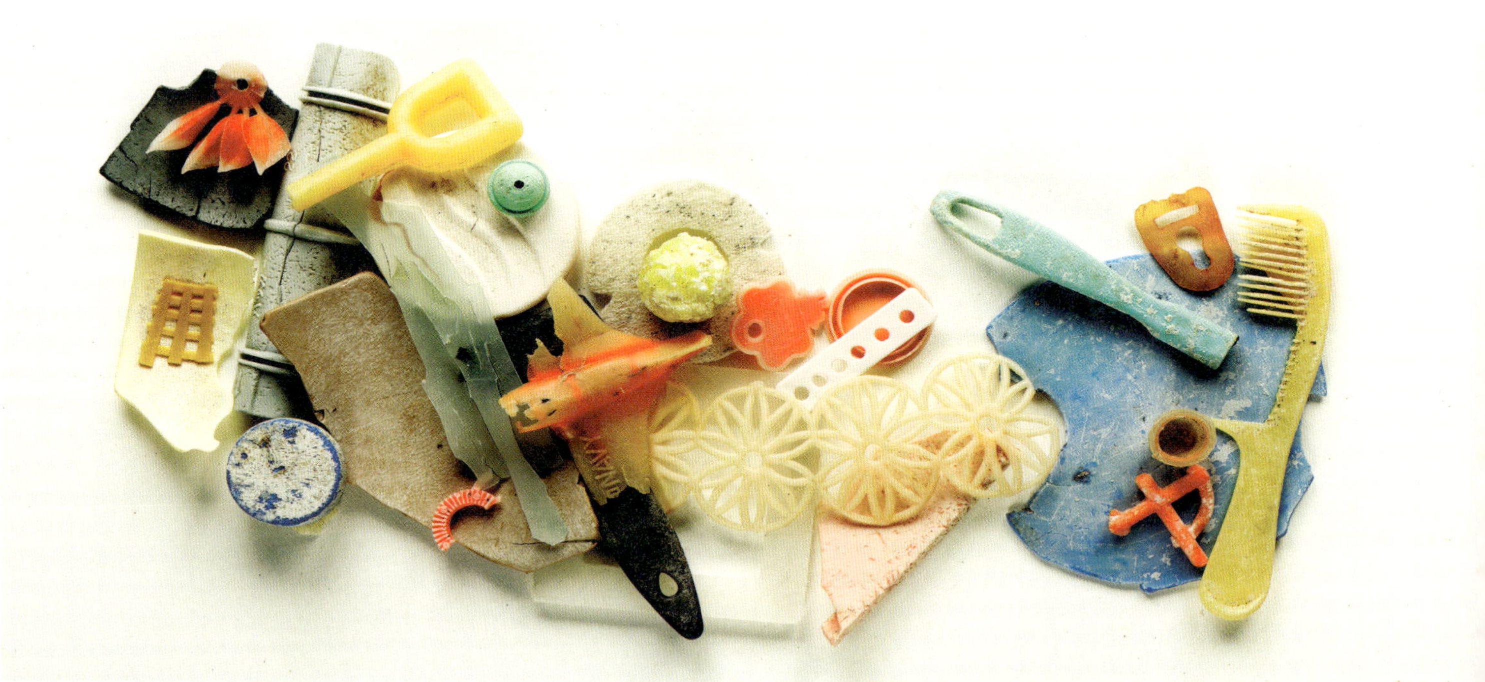

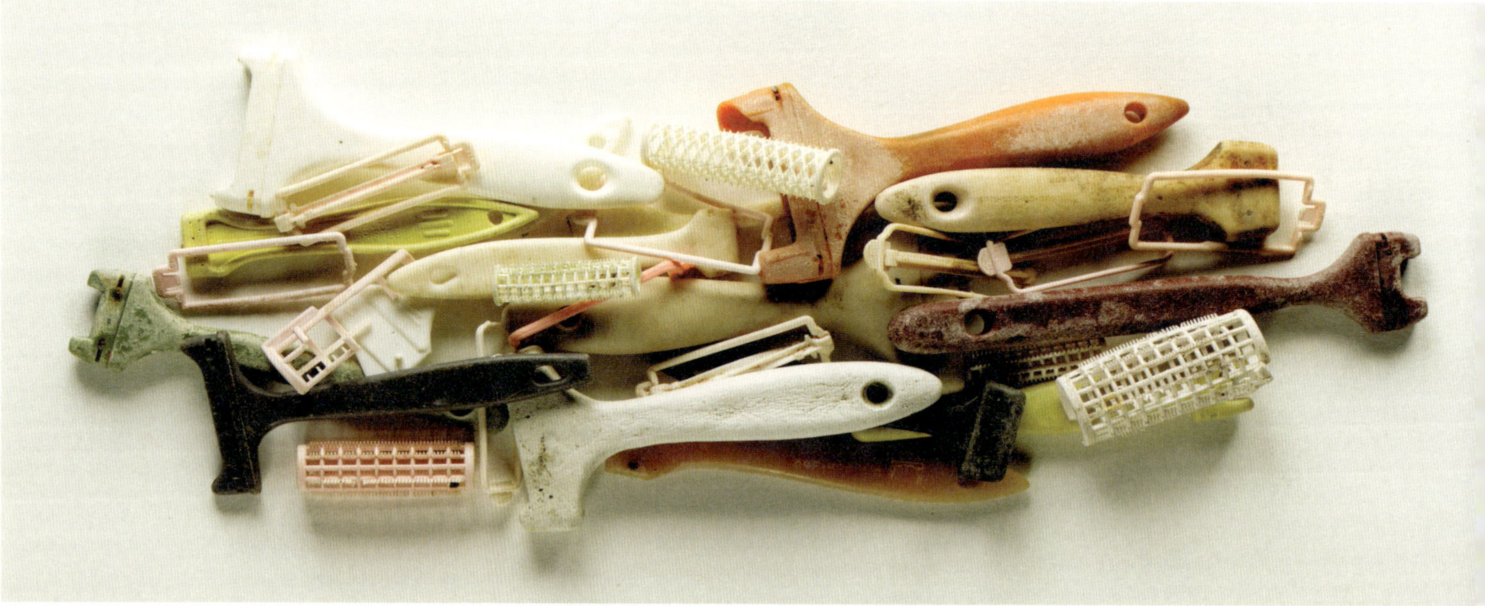

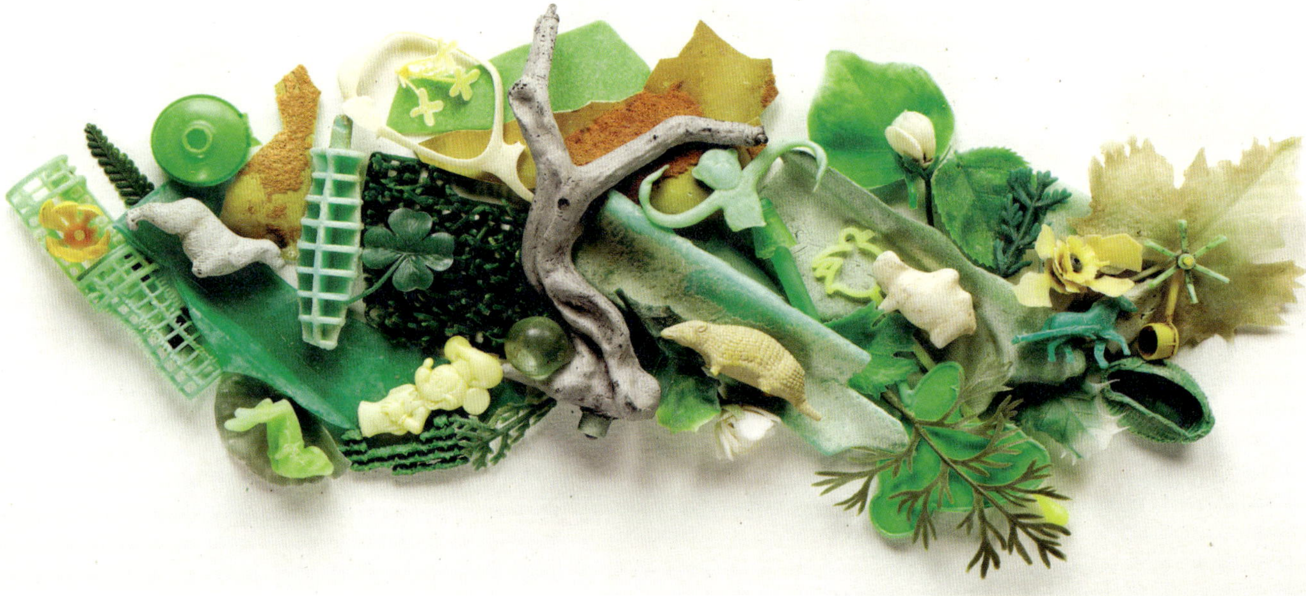

¿Por qué decidisteis emplear únicamente los materiales hallados en los mismos 1000 metros de la misma playa?

Con tantos datos deprimentes sobre la contaminación por residuos plásticos, quisimos centrarnos únicamente en esos 1000 metros de una única playa para crear una unidad de medida aprehensible, que resultara elocuente a la hora de transmitir el alcance del problema a escala global. La idea era mostrar lo que pueden llegar a conseguir dos personas en una sola playa.

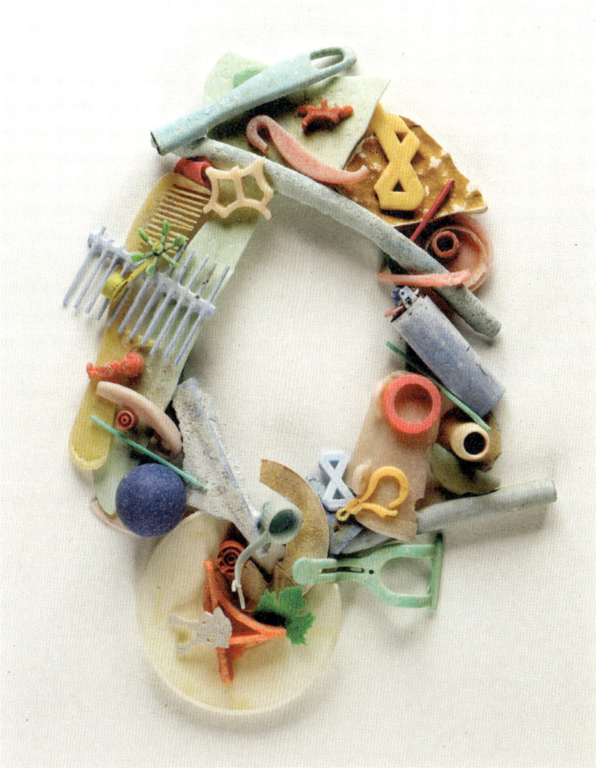

¿Peináis la playa juntos, o tiene cada uno su rol diferenciado en el proyecto?

Como somos marido y mujer, la colaboración es continua. Peinamos la playa y creamos las piezas juntos, y cuando están terminadas las firmamos los dos con nuestras respectivas firmas. Además del trabajo con plásticos encontrados en la playa, también tenemos nuestros respectivos proyectos artísticos, pero este en concreto siempre lo abordamos en tándem.

¿Qué es lo más raro que os habéis encontrado en la playa?

Después de unas elecciones muy reñidas, nos encontramos la tapa de una urna marcada muy claramente con la indicación "San Francisco". Fue un hallazgo de tal calibre que Judith apareció retratada en la portada del *San Francisco Chronicle*, del *Los Angeles Times* y del *San Jose Chronicle*.

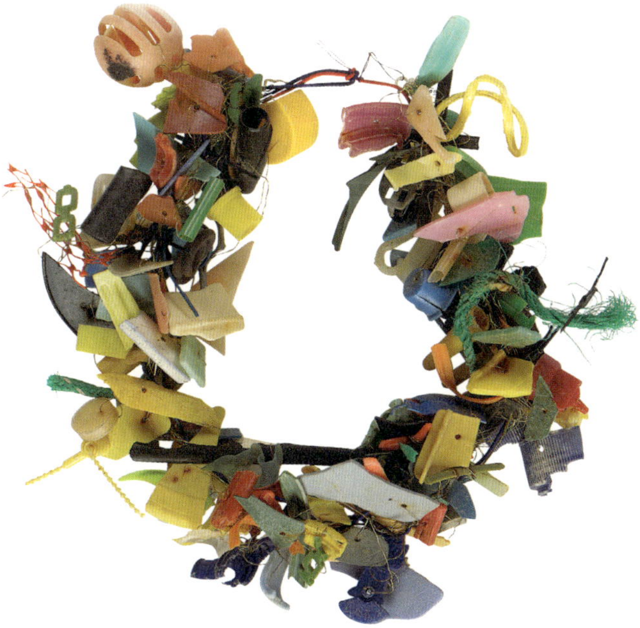

¿Guardáis todo lo que encontráis o seleccionáis?

Hay tanta basura que no podemos recogerla toda, hemos aprendido a seleccionar. Hacemos más una labor de "comisariado", como lo llamamos nosotros, que de limpieza pura y dura. Tenemos la esperanza de que, al publicitar la playa como una fuente gratuita de abastecimiento de material artístico, más gente se anime y se venga con nosotros a buscar los mejores tesoros. Transmitimos que lo divertido es la búsqueda, así se hace limpieza y al mismo tiempo surgen obras de arte interesantes.

La gente tal vez sepa que California está padeciendo una sequía desoladora, de proporciones épicas. Las actuales condiciones climáticas de la zona, que durante una época del año nos traen lluvias parecidas a los monzones, son también las que se están llevando el plástico de esta parte del Pacífico, por lo que la cantidad de material que llega a "nuestra" playa ha disminuido mucho.

www.beachplastic.com
www.plasticforever.blogspot.com
www.foreverplastic.wordpress.com

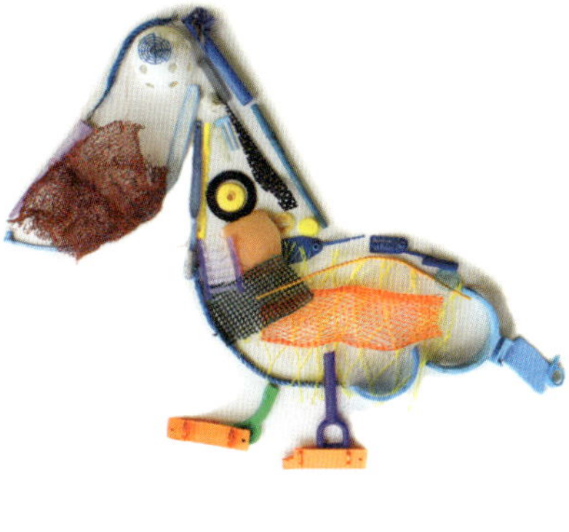

COLGANTE PLAYERO

Da un buen paseo provisto de una bolsa bien grande.

① Recoge todo lo que te encuentres: botellas, cuerdas, hilo, zapatos (¡va en serio!), palas de playa, material de pesca y plástico, mucho plástico…

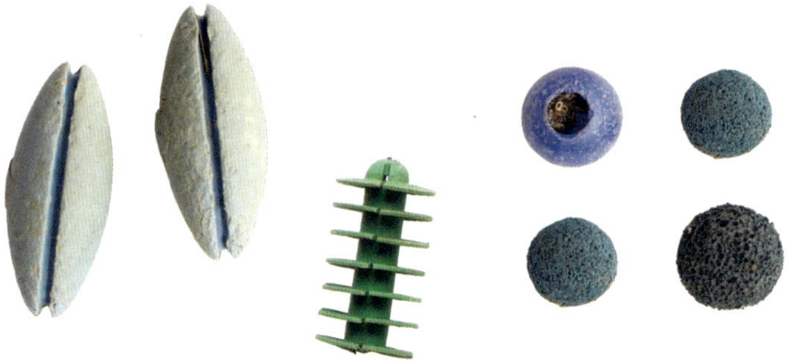

Pero también trozos bonitos de madera, concha y huesos ya pulidos.

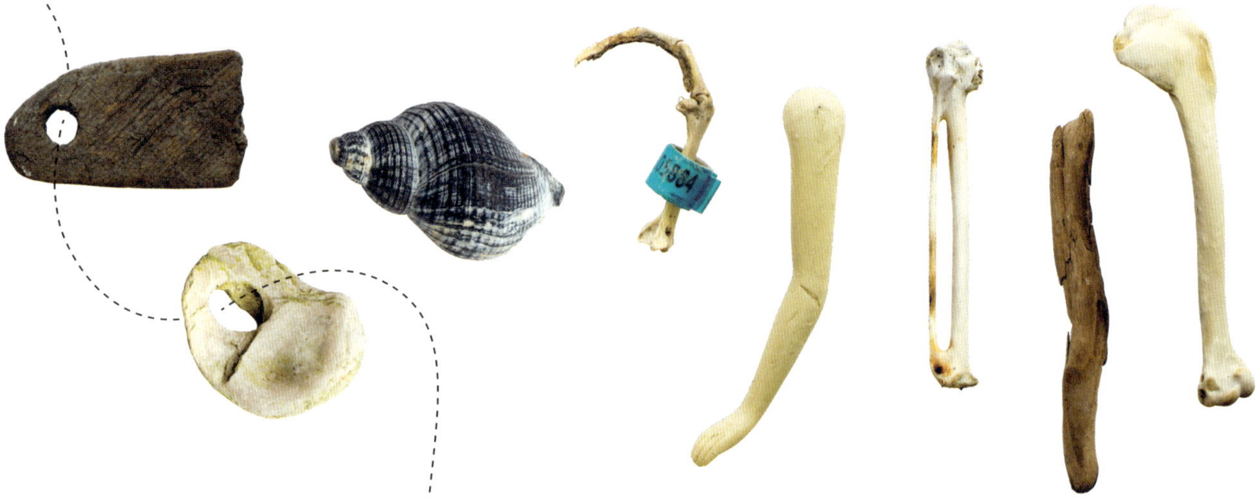

② ¡Elige y combina los objetos que más te gusten! Colócalos en un círculo.

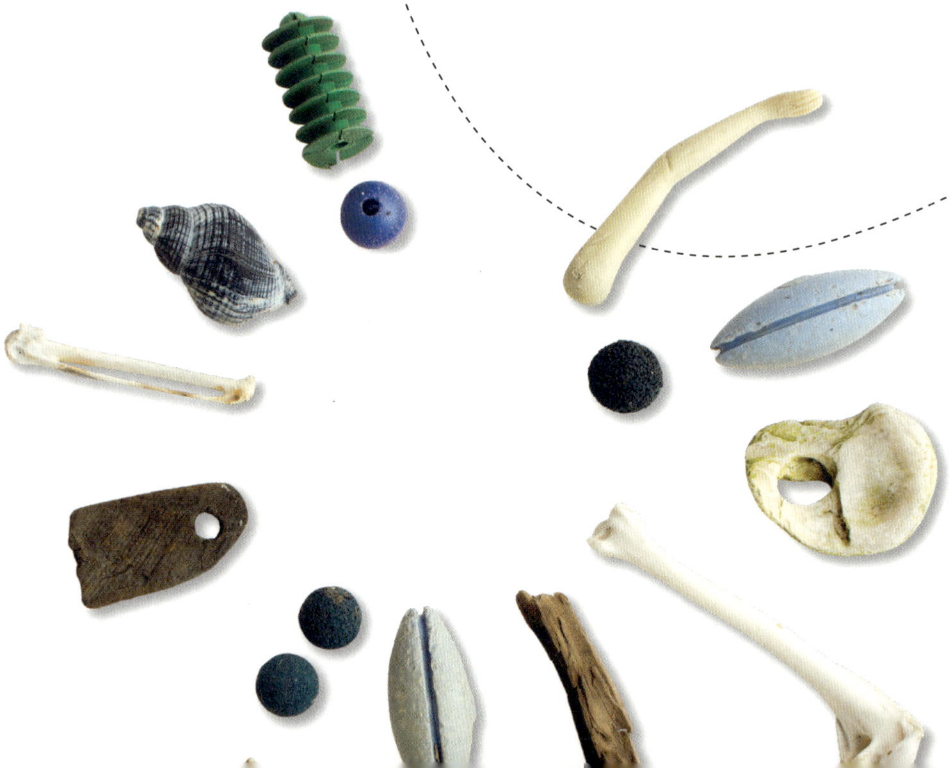

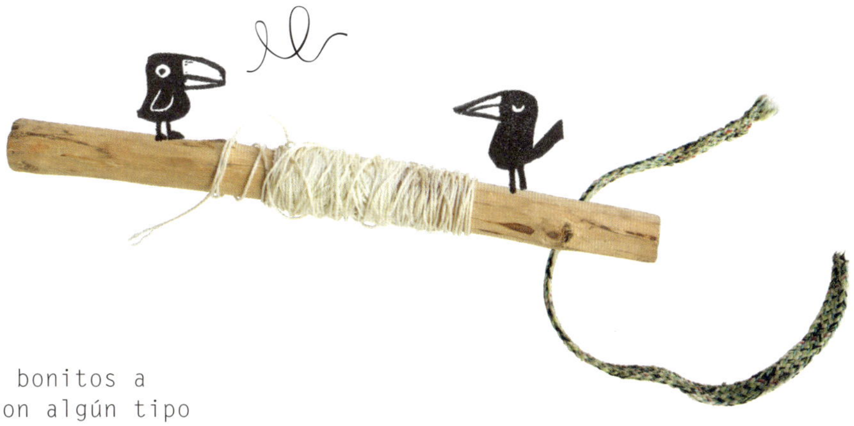

3 Ata tus hallazgos más bonitos a un pedazo de cuerda con algún tipo de hilo. Los objetos que no vayas a utilizar, los puedes tirar a la basura de casa. Te los quedes o no, ¡ya habrás hecho bien al recogerlos!

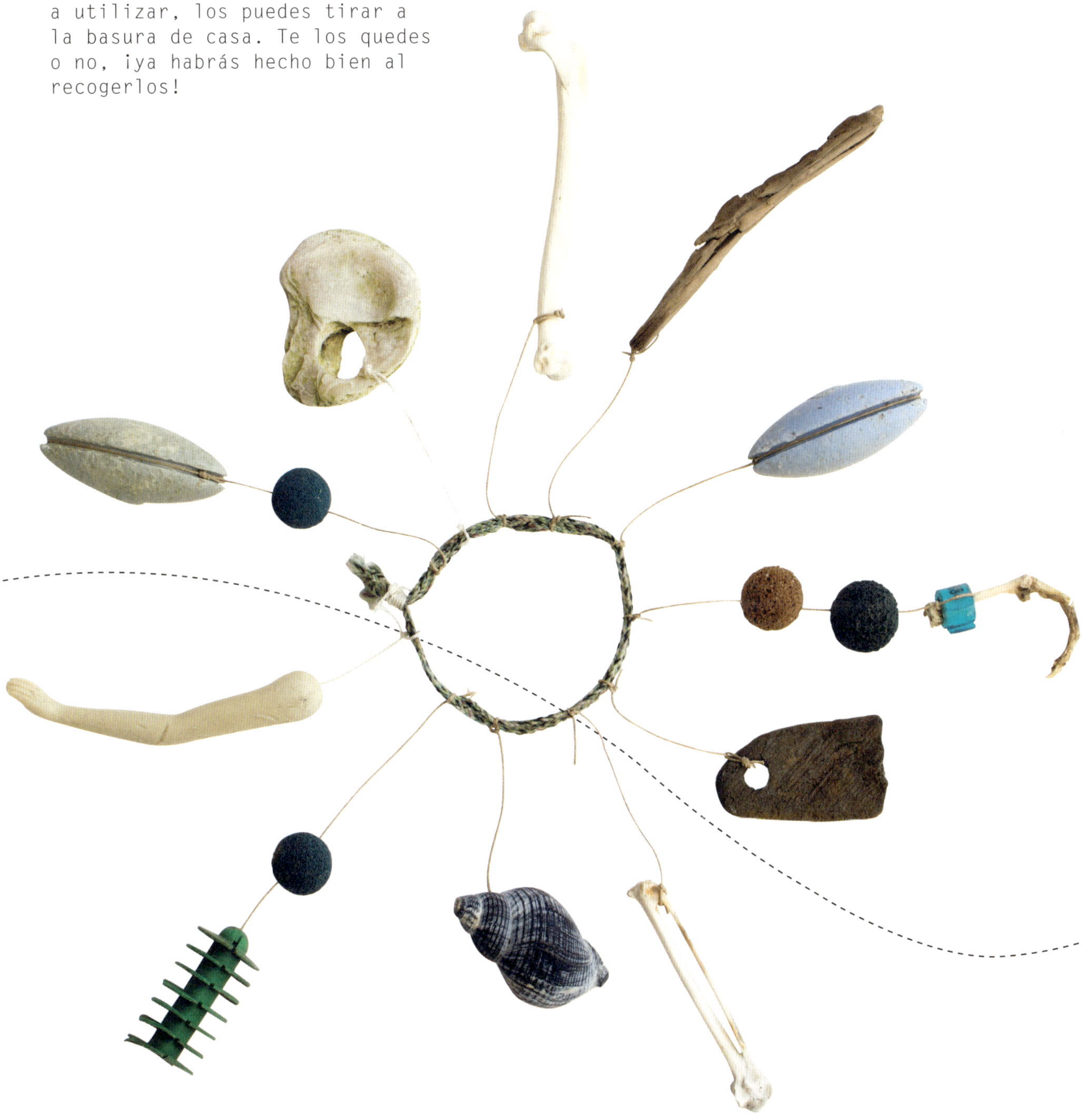

ANNA TARATIEL
COLLAGES

Con el apodo “OVNI”, Anna Taratiel se introdujo en la escena del *street art* barcelonés en la década de los 2000. Estudió muralismo en La Llotja, en la misma ciudad. Si eligió ese nombre artístico fue en parte porque entiende su trabajo como una especie de escenario que ella se encarga de sugerir al espectador, quien puede pasar a tener mayor o menor grado de implicación. Este enfoque juvenil y lo apropiado del apodo siguen vigentes, aunque su obra en la actualidad tiene otro nivel de madurez y sofisticación.

El uso de material reciclado siempre fue uno de sus recursos, primero en sus instalaciones y más adelante en sus collages. De hecho, sus collages son el medio en que consigue reutilizar los trozos de cinta que emplea en otras obras sobre lienzo o cuadros de mayor tamaño. Según ella, el material usado aporta ciertas texturas, acabados y una calidez que no te da el nuevo.

Otro motivo por el que dice emplear objetos encontrados o ya utilizados es que a menudo brindan un punto de partida sobre el que se puede construir una nueva historia. Este método de exploración se vincula con su identidad como “OVNI”.

(Se reproduce el texto por cortesía de la galería cis-art.)

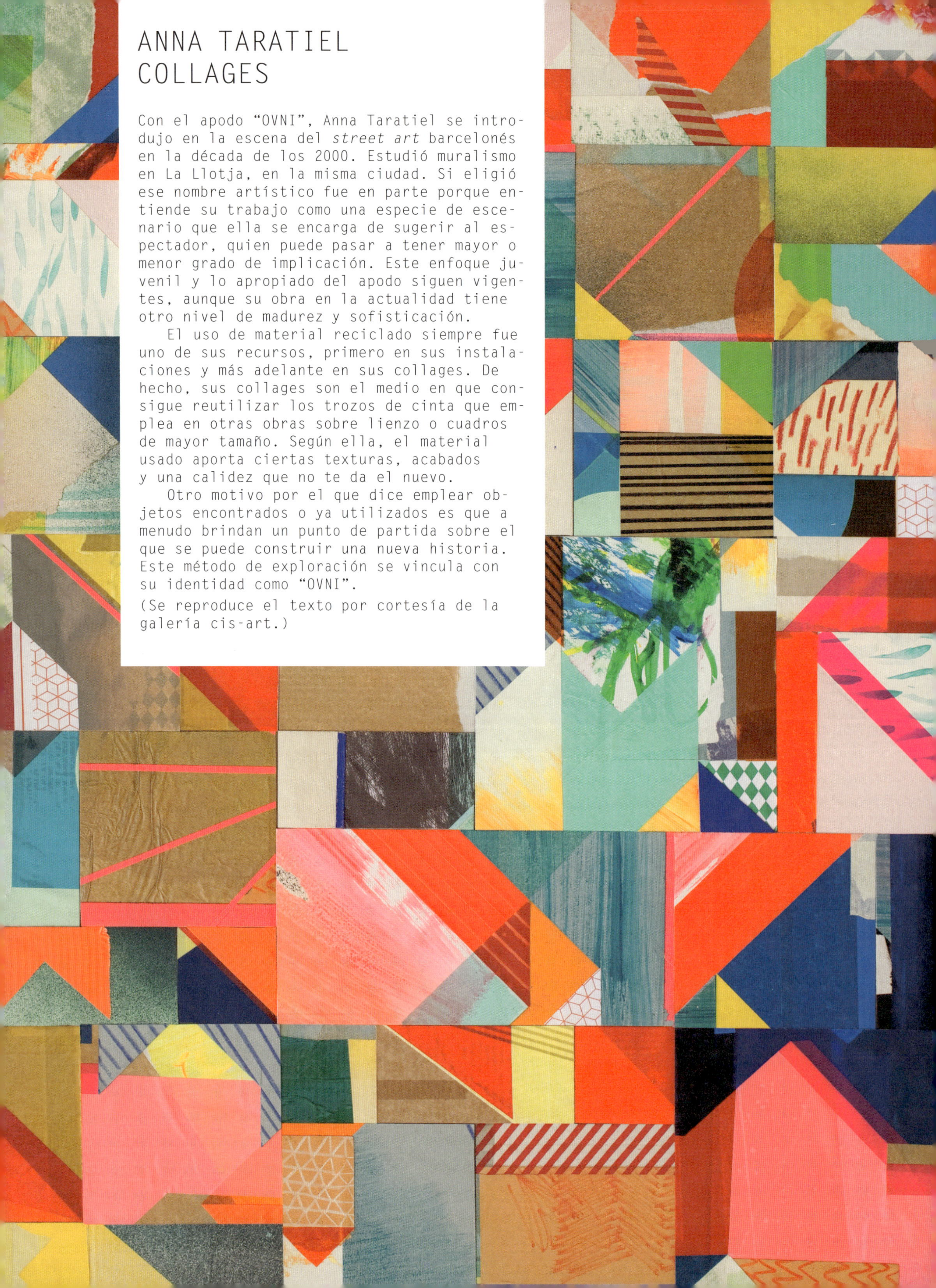

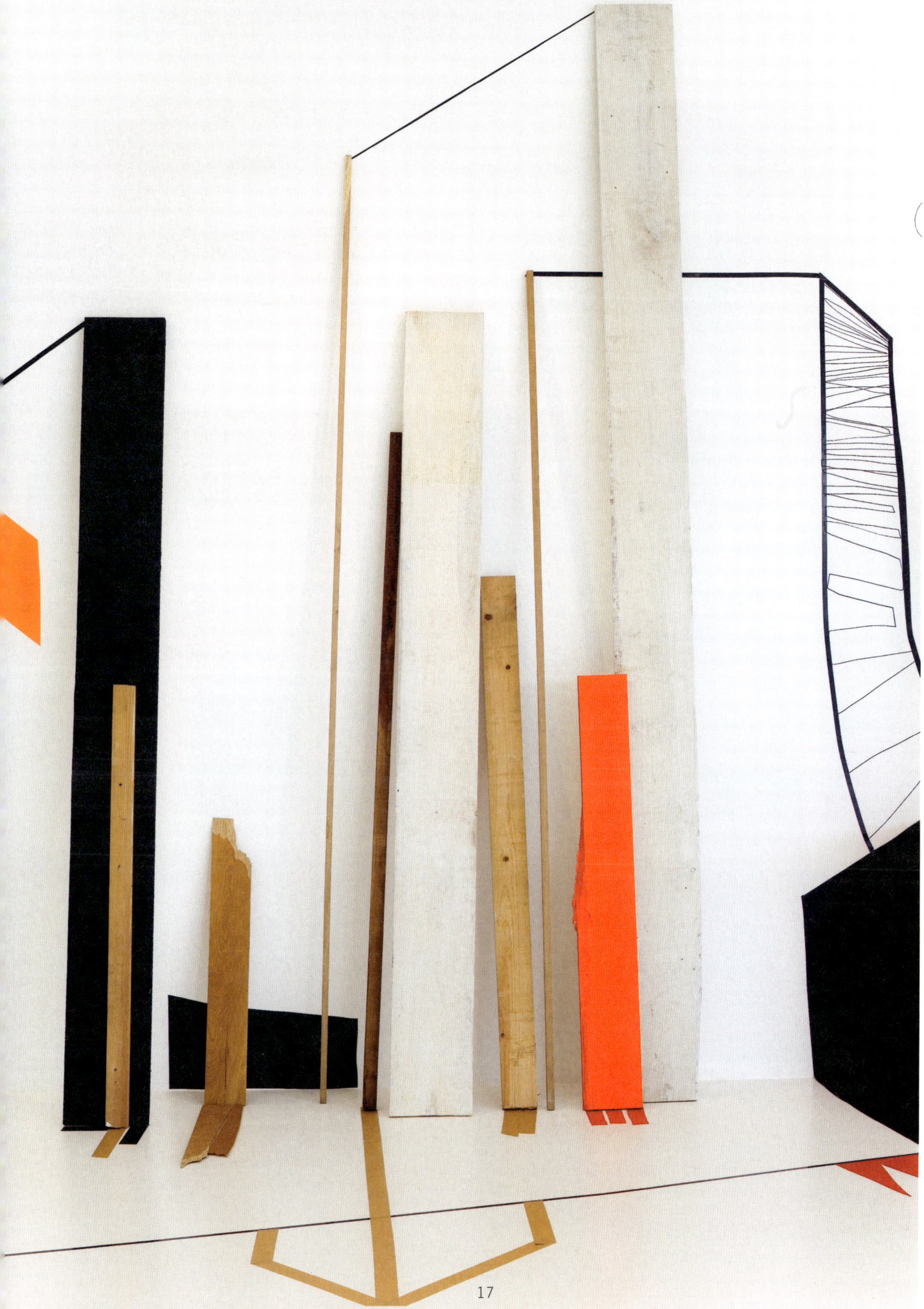

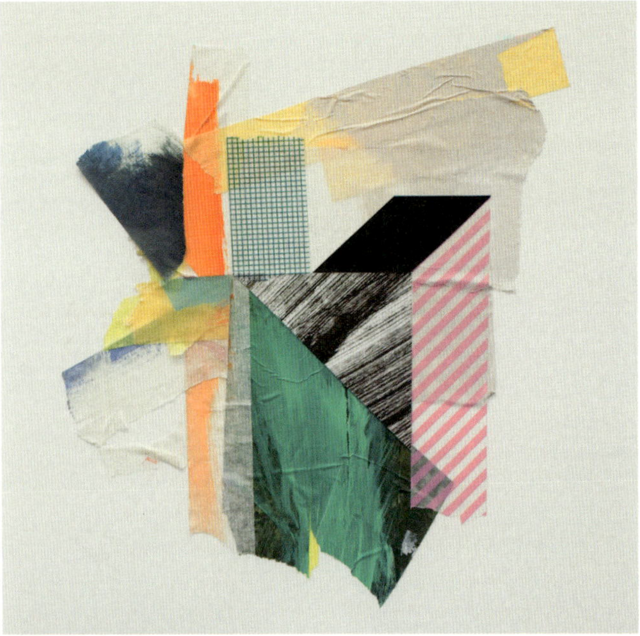
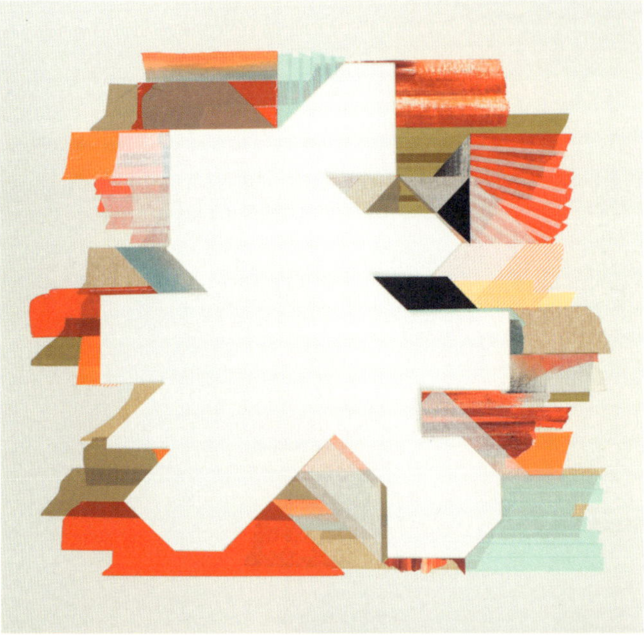
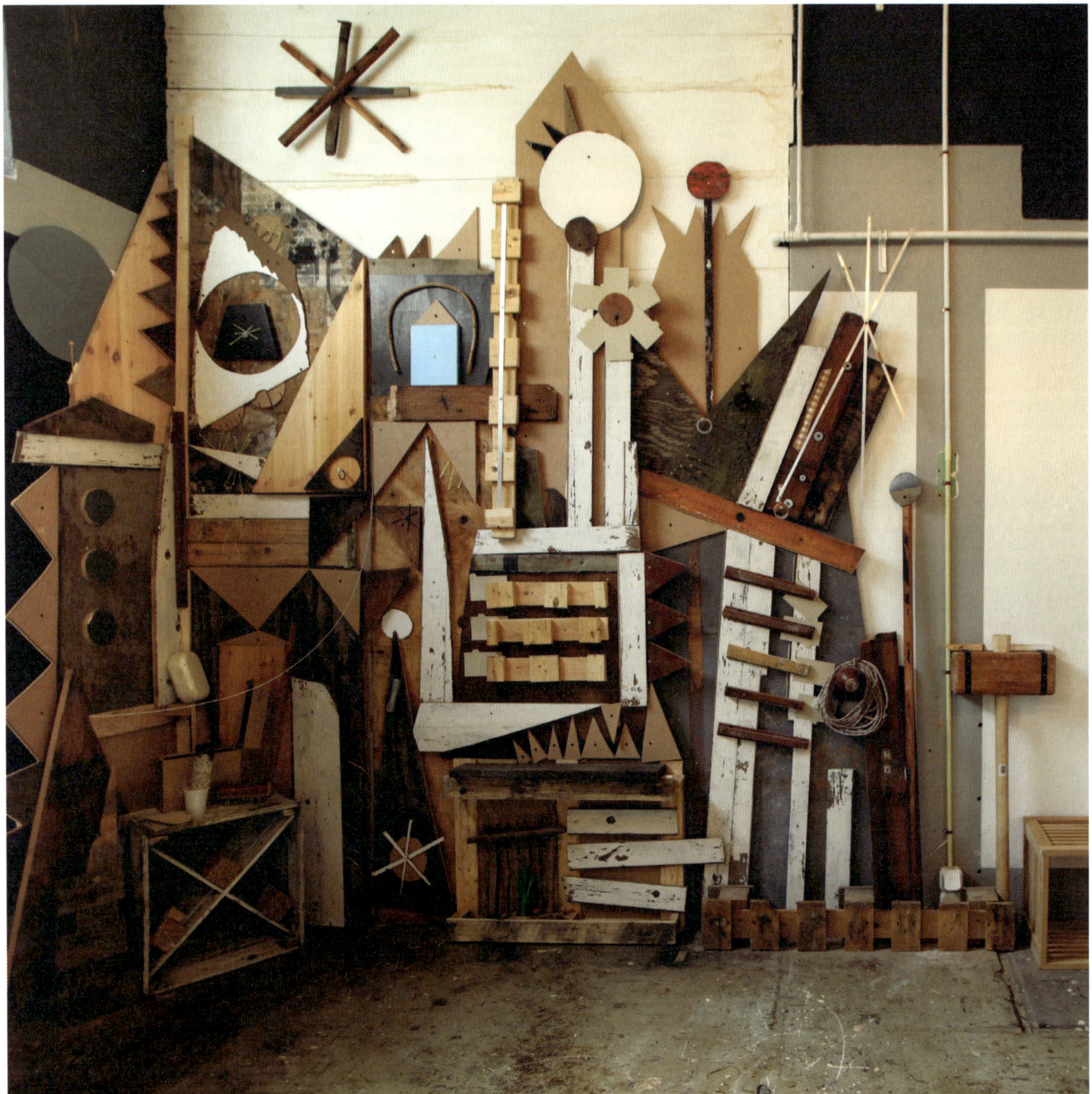

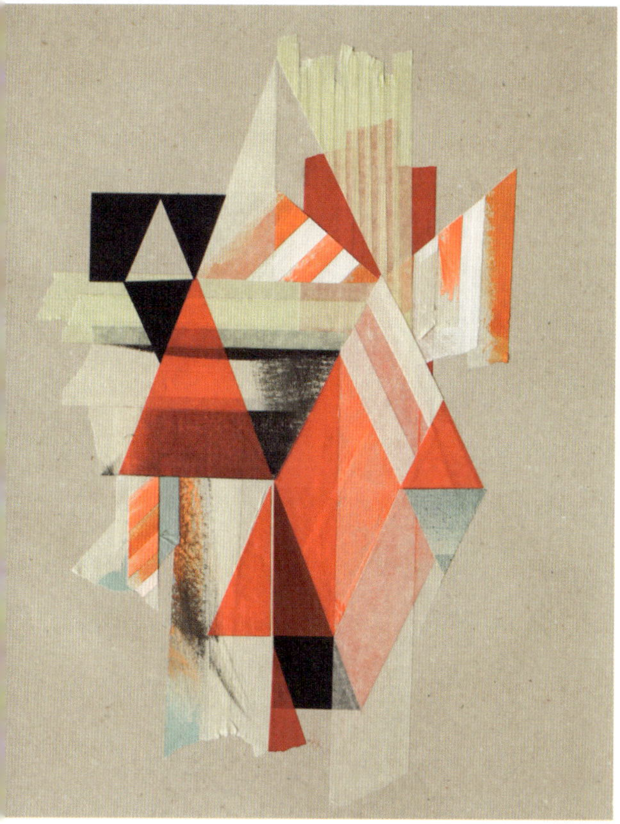

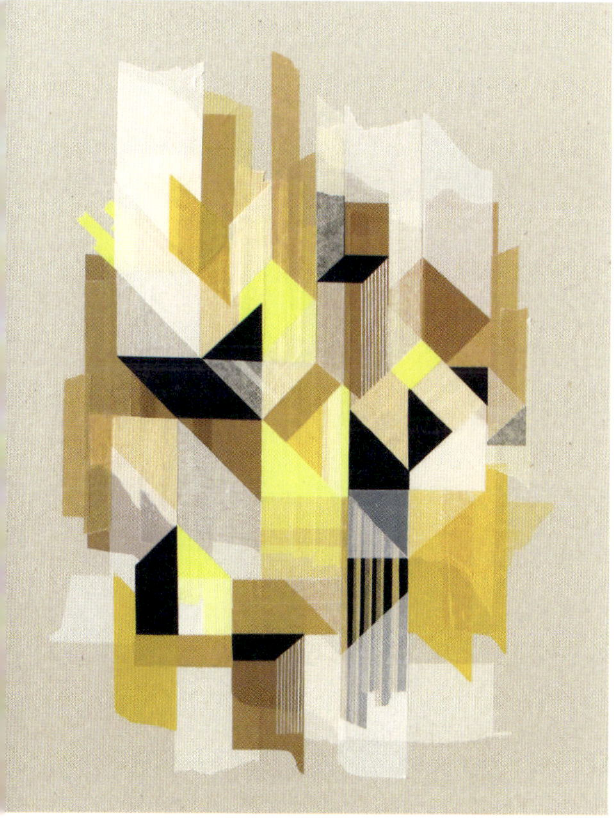

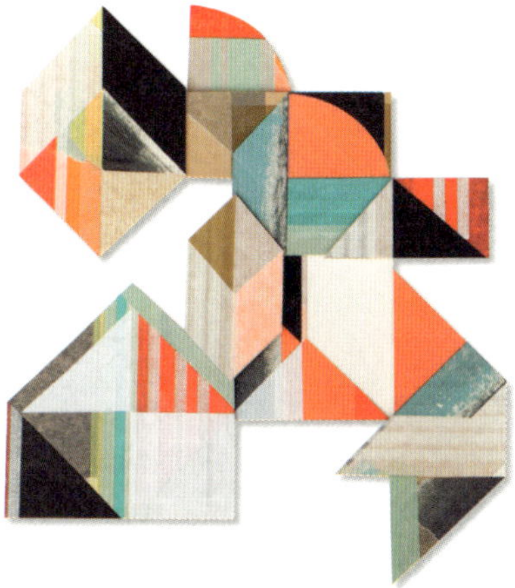

¿Quién o qué te inspira?
Cuando me planteaba a qué dedicarme profesionalmente, estuve dudando si optar por la arquitectura, y creo que de alguna manera esa inclinación sigue marcando una parte de lo que hago. Me inspiran mucho las formas, los colores, los volúmenes, las luces y las sombras, a un nivel muy primario; y a un nivel más instruido, me fascinan las ciudades y la vida, las coincidencias, el equilibrio entre el orden y el caos y la belleza.

¿Te gusta trabajar con otros artistas?
Me gusta colaborar con otros creadores y también con personas sensibles que no son profesionales del mundo del arte. Hace poco he participado en proyectos sociales que tenían el objetivo de acercar el arte al tipo de gente que opina que las obras artísticas tienen poco efecto sobre su vida cotidiana. Es muy interesante observar como, por el camino, se van formando una visión distinta.

¿Hay alguna pieza o proyecto del que estés particularmente orgullosa?
En 2014 desarrollé un proyecto público que consistía en crear un juego online que permitía realizar composiciones con una serie de formas creadas por mí, y a partir de estos patrones pinté 26 murales en la ciudad de Ámsterdam. Durante los meses que pasé con mi equipo sobre el terreno, creé una versión física del juego con piezas de madera, e invitamos a los niños del barrio a jugar con ella. Fue genial ver cómo se sentían partícipes del aspecto que iban a acabar teniendo las calles en las que vivían.

¿Qué planes tienes para el futuro más inmediato?
Seguir haciendo lo que hago. Hacerlo todo con amor y compromiso. Y disfrutarlo.

www.taratiel.com
www.facebook.com/taratielvs.ovni

CUENCO DE PAPEL

(1) Lo que necesitas:
- cinta de papel kraft
- retales de papel
- una pelota bien hinchada y un cubo pequeño
- esponja y agua
- sello (opcional)

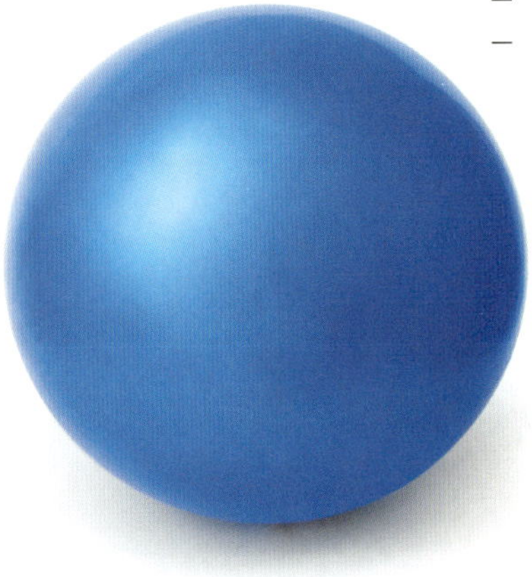

(3) Corta tiras de la cinta de papel kraft.

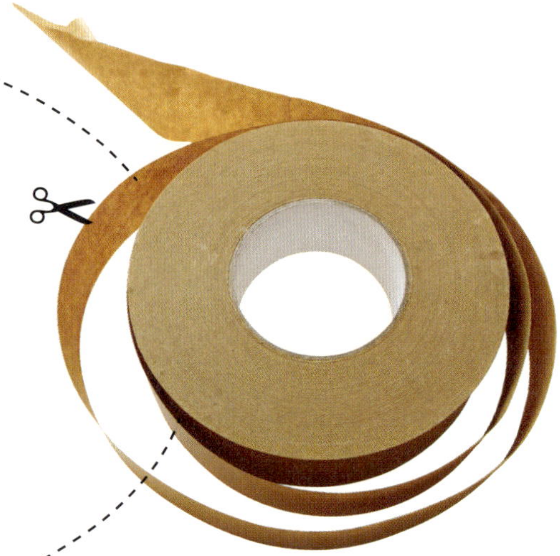

(2) Apoya la pelota en un cubo pequeño o un tarro (para dejarla fijada).

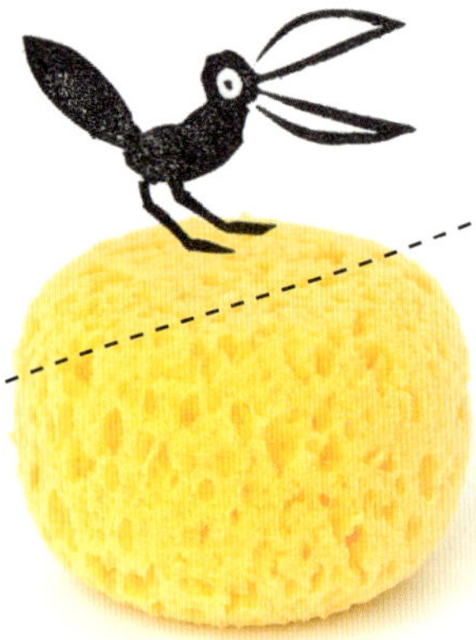

(4) Humedece las tiras con la esponja y pégalas en horizontal sobre la pelota. Repite el proceso hasta acumular varias capas y déjalo secar.

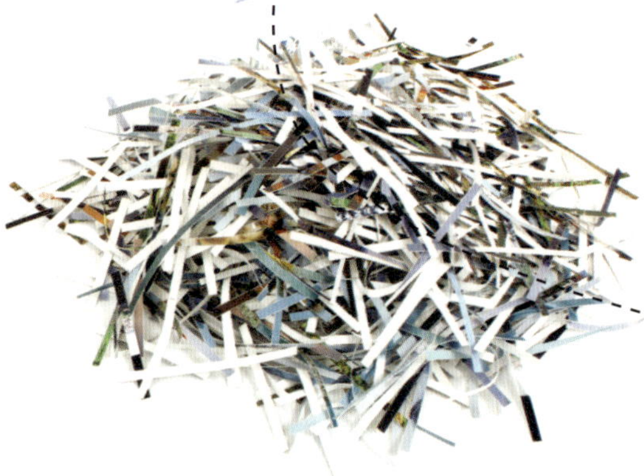

(5) Saca el molde de papel deshinchando la pelota.

(6) Decora el cuenco pegándole papel, retales y sellos a lo ancho.

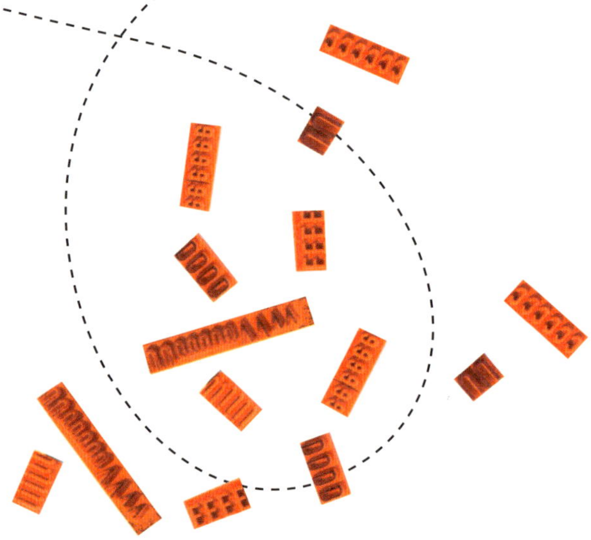

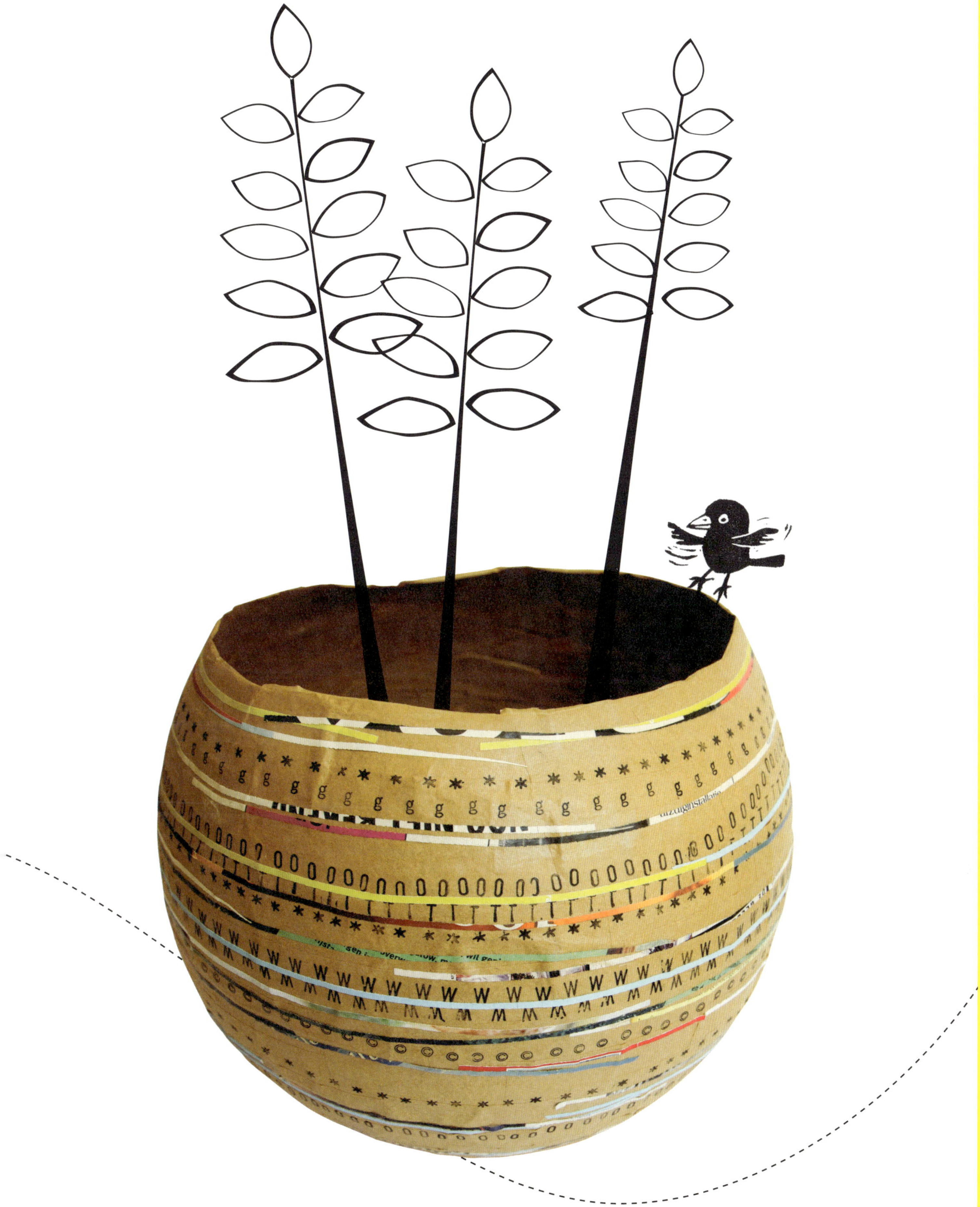

TINEKE MEIRINK
MADERA VIEJA:
PÁJAROS RENACIDOS

Tineke Meirink es ilustradora y estudió en la Escuela de Bellas Artes y Diseño de 's-Hertogenbosch. Durante su última etapa en el centro, en el transcurso de unas prácticas, le llegó un encargo del programa televisivo *Barrio Sésamo* y descubrió que le encantaba la ilustración infantil. Ha ilustrado más de 80 libros para niños, entre ellos muchos volúmenes ilustrados y también material educativo. Con el paso de los años se ha ido centrando más en proyectos propios que en encargos. Trabajos como *Stop:Watch* y *Madera vieja* son ejemplos de tales proyectos.

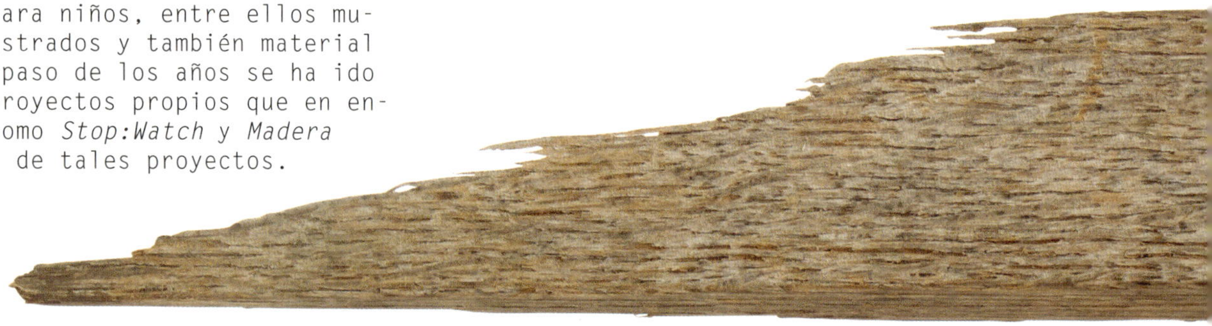

Stop:Watch nos muestra la personal visión que tiene Tineke de los objetos cotidianos. Al añadir ilustraciones digitalmente a fotos que en un principio no parecen tener mayor interés, consigue transformar el significado de las imágenes.

Además de tratar las fotos digitalmente, Tineke también pinta sobre piezas de madera desgastada, tal como puede observarse en la serie "Rebird" ('Pájaros renacidos'). Utiliza manchas, restos de pintura, clavos viejos, ramas con formas curiosas, elementos que ya estén presentes en el objeto… Por ejemplo, un clavo se convierte en el pico de un pájaro; un par de agujeros se transforman en los ojos, etc. Nos revela su lema: "Es que es más divertido cuando lo miras de cerca". Tineke tiene su estudio en Groningen y vive en un pequeño pueblo cercano.

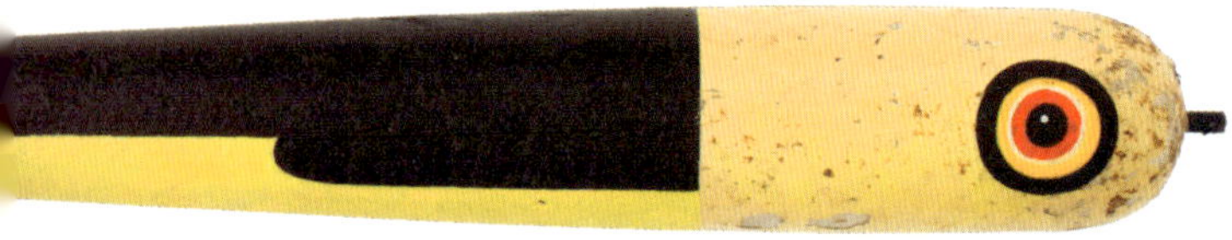

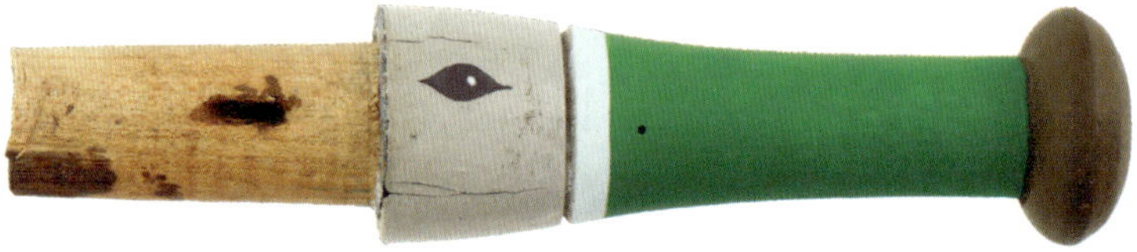

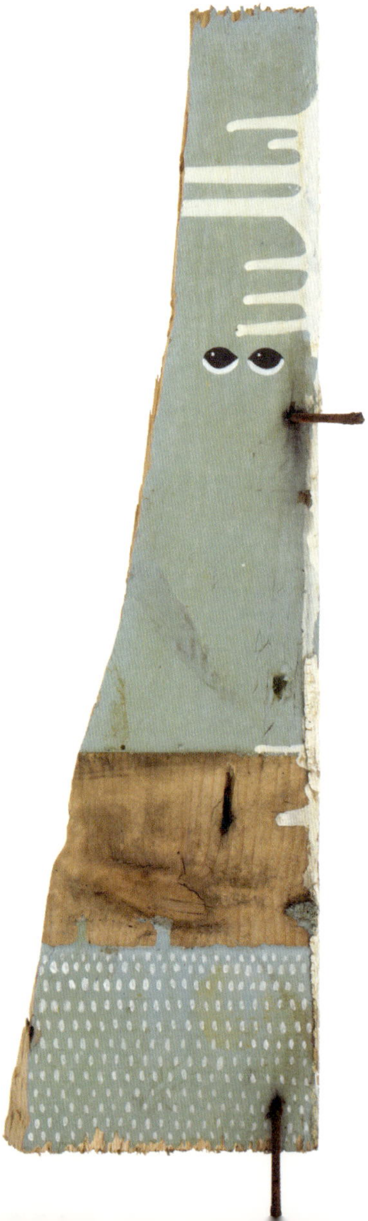

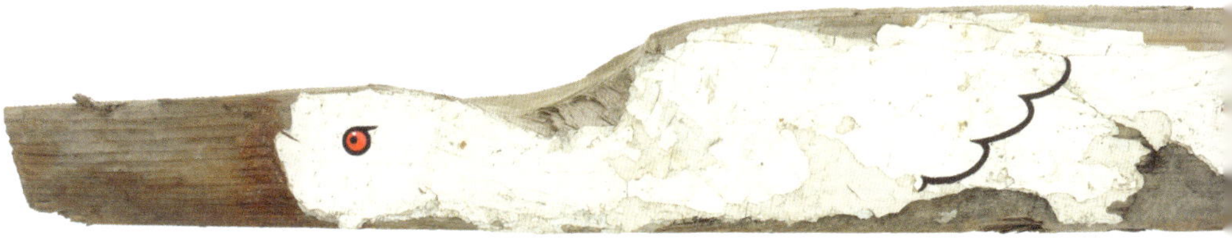

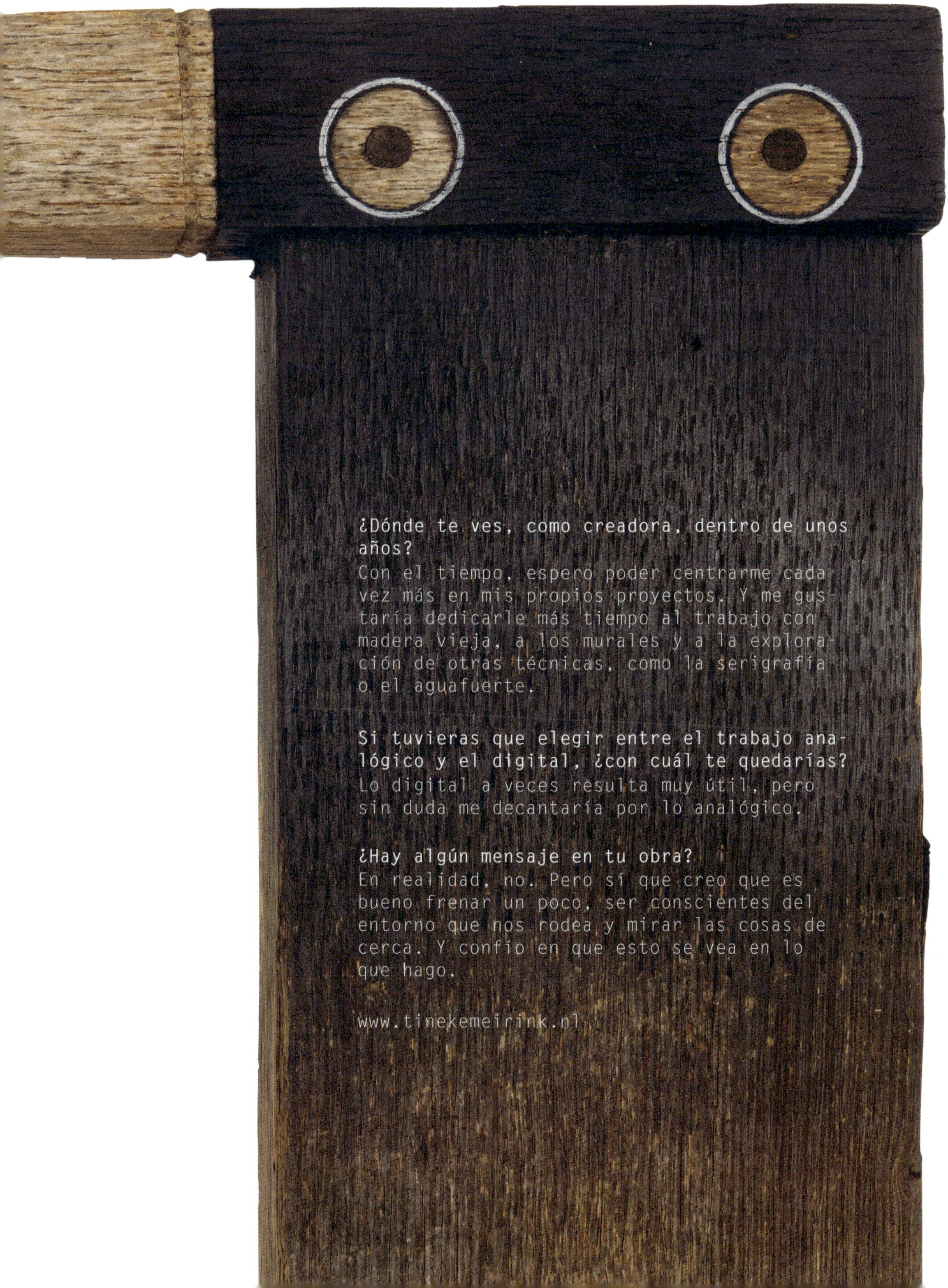

¿Dónde te ves, como creadora, dentro de unos años?
Con el tiempo, espero poder centrarme cada vez más en mis propios proyectos. Y me gustaría dedicarle más tiempo al trabajo con madera vieja, a los murales y a la exploración de otras técnicas, como la serigrafía o el aguafuerte.

Si tuvieras que elegir entre el trabajo analógico y el digital, ¿con cuál te quedarías?
Lo digital a veces resulta muy útil, pero sin duda me decantaría por lo analógico.

¿Hay algún mensaje en tu obra?
En realidad, no. Pero sí que creo que es bueno frenar un poco, ser conscientes del entorno que nos rodea y mirar las cosas de cerca. Y confío en que esto se vea en lo que hago.

www.tinekemeirink.nl

PÁJAROS DE MADERA

(1) Busca piezas de madera (ramas, madera vieja o madera sobrante de alguna obra, por ejemplo).

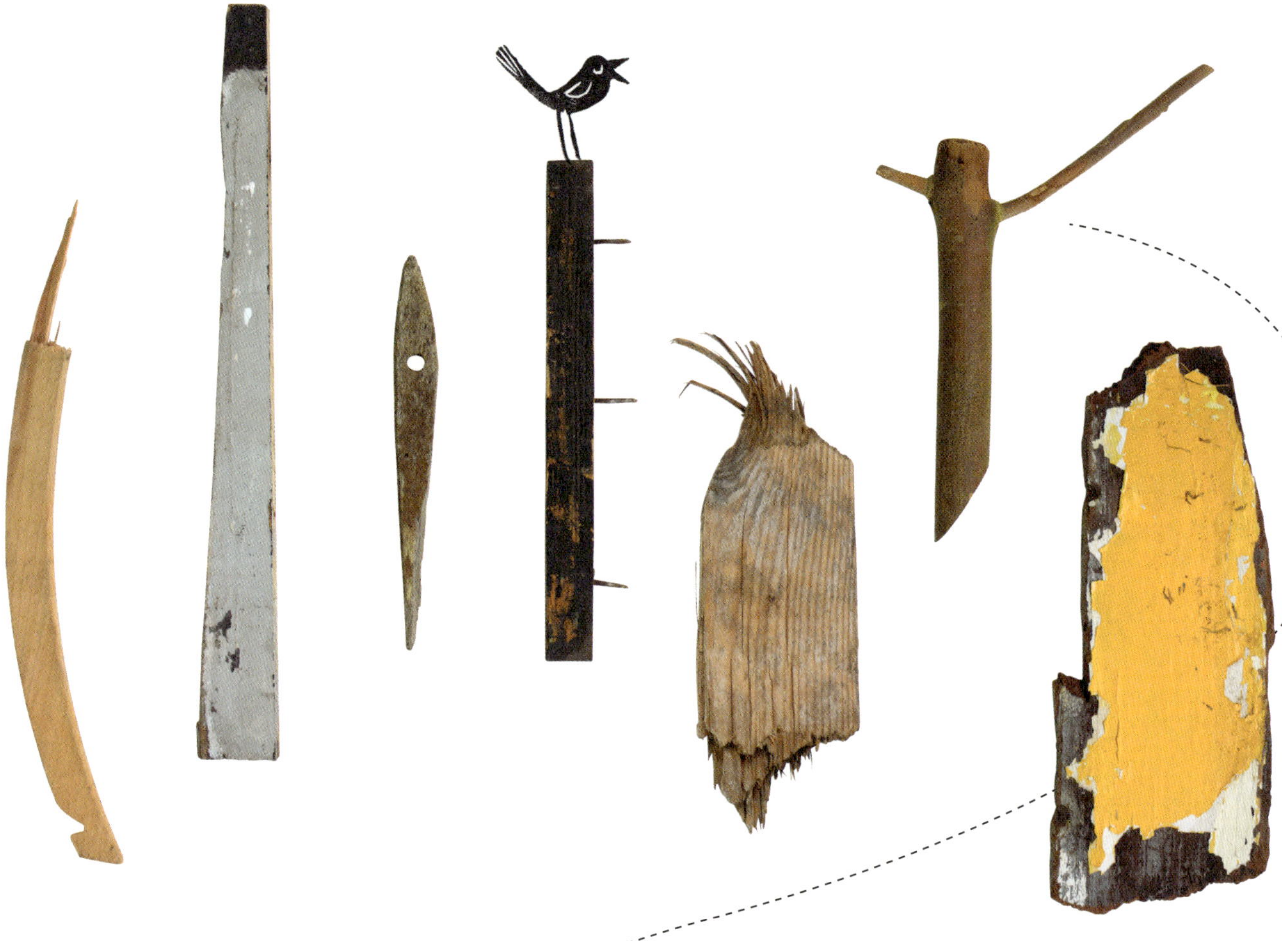

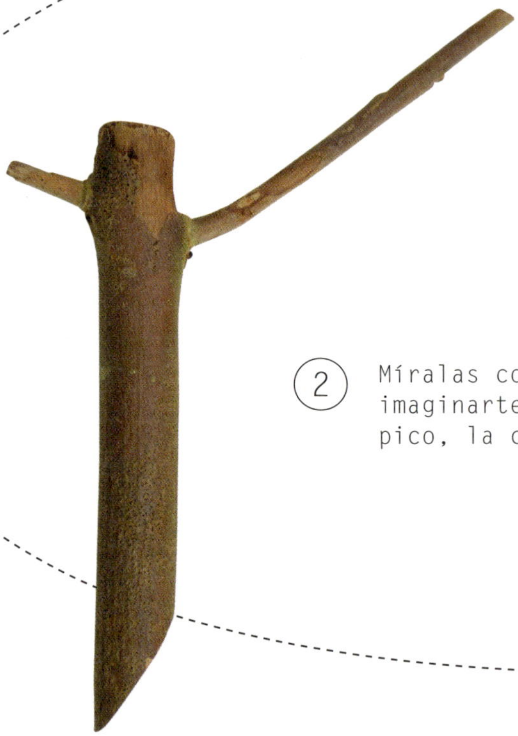

(2) Míralas con atención y trata de imaginarte dónde se ubicarían el pico, la cola y los ojos.

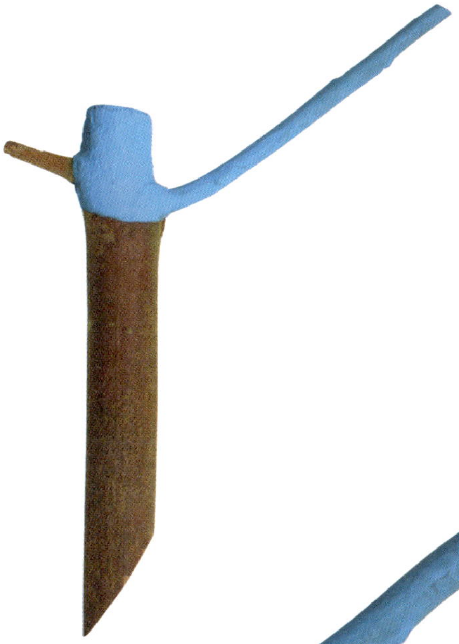

3. Elige los colores (utiliza el tipo que quieras, ya sea pintura acrílica, gouache, espray, rotuladores permanentes, pintura de uñas, cinta adhesiva o pegatinas).

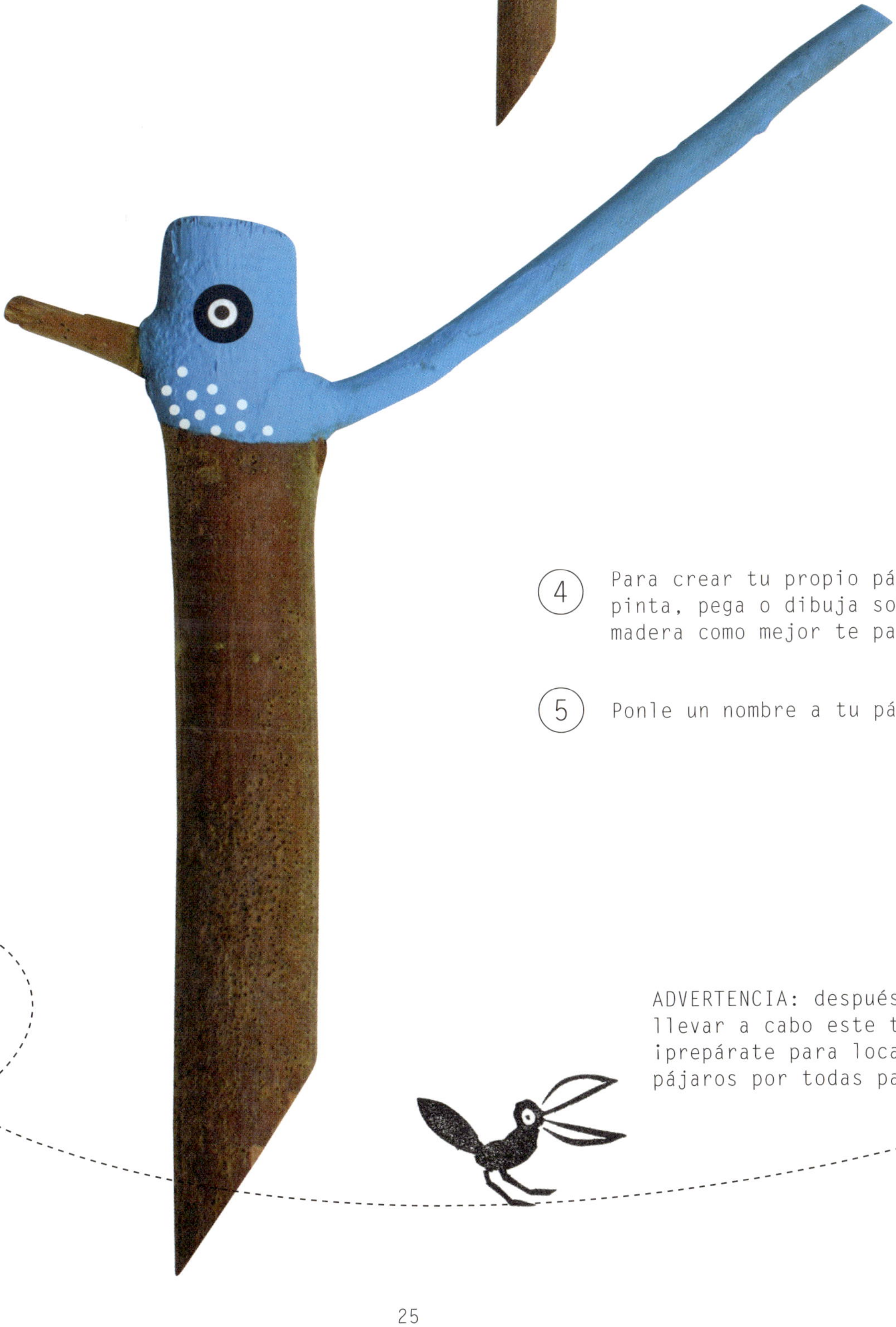

4. Para crear tu propio pájaro, pinta, pega o dibuja sobre la madera como mejor te parezca.

5. Ponle un nombre a tu pájaro.

ADVERTENCIA: después de llevar a cabo este trabajo, ¡prepárate para localizar pájaros por todas partes!

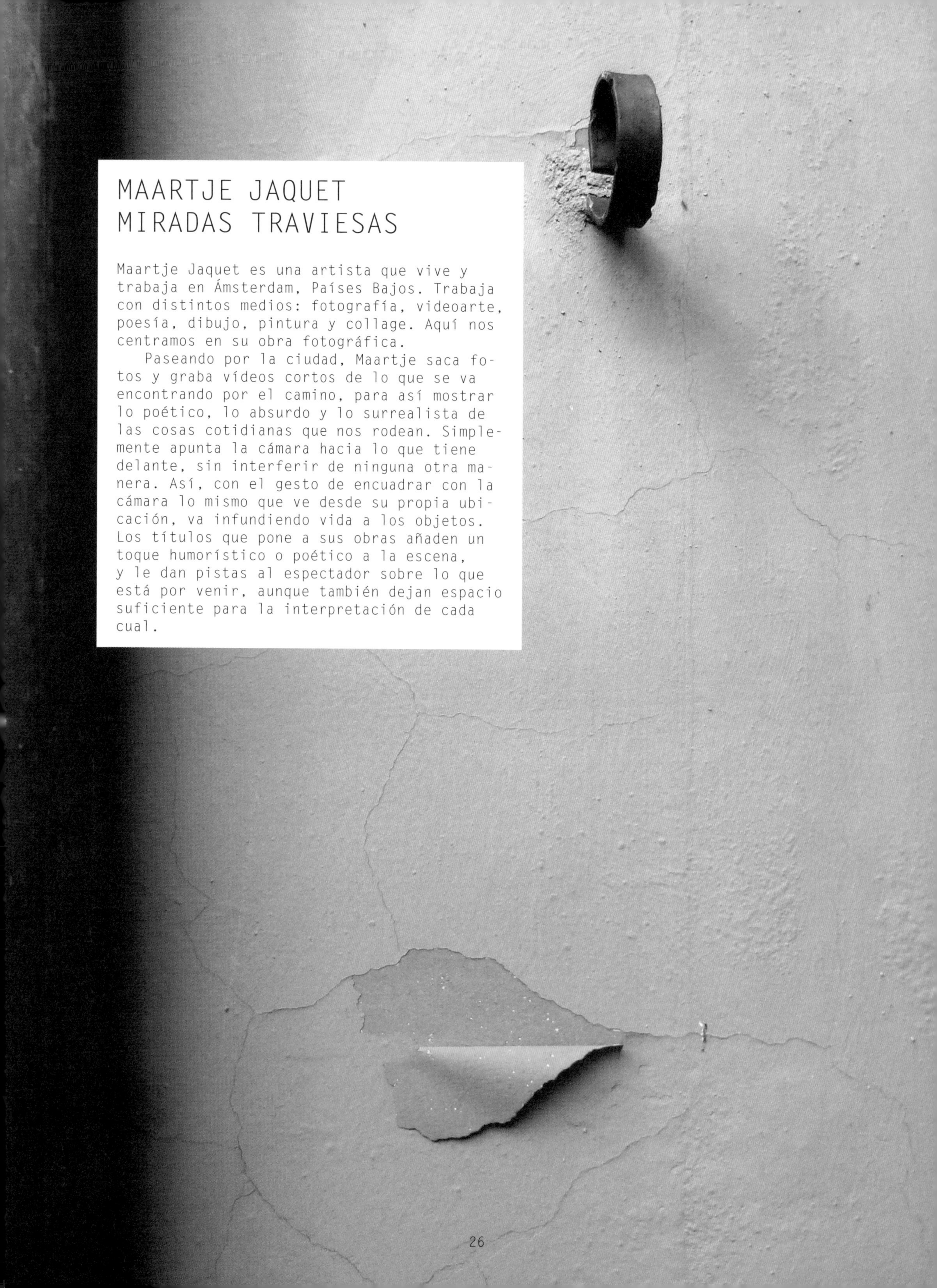

MAARTJE JAQUET
MIRADAS TRAVIESAS

Maartje Jaquet es una artista que vive y trabaja en Ámsterdam, Países Bajos. Trabaja con distintos medios: fotografía, videoarte, poesía, dibujo, pintura y collage. Aquí nos centramos en su obra fotográfica.

Paseando por la ciudad, Maartje saca fotos y graba vídeos cortos de lo que se va encontrando por el camino, para así mostrar lo poético, lo absurdo y lo surrealista de las cosas cotidianas que nos rodean. Simplemente apunta la cámara hacia lo que tiene delante, sin interferir de ninguna otra manera. Así, con el gesto de encuadrar con la cámara lo mismo que ve desde su propia ubicación, va infundiendo vida a los objetos. Los títulos que pone a sus obras añaden un toque humorístico o poético a la escena, y le dan pistas al espectador sobre lo que está por venir, aunque también dejan espacio suficiente para la interpretación de cada cual.

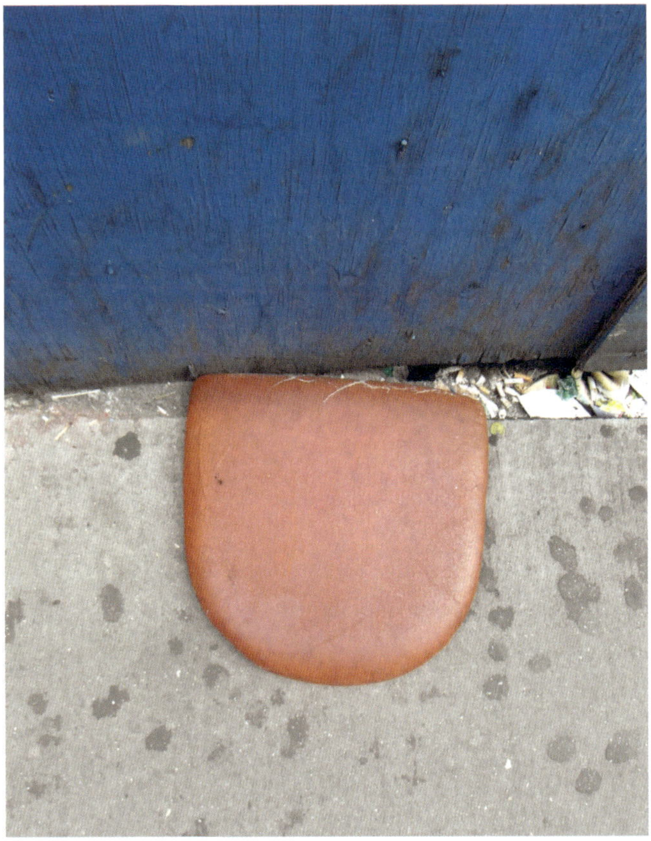

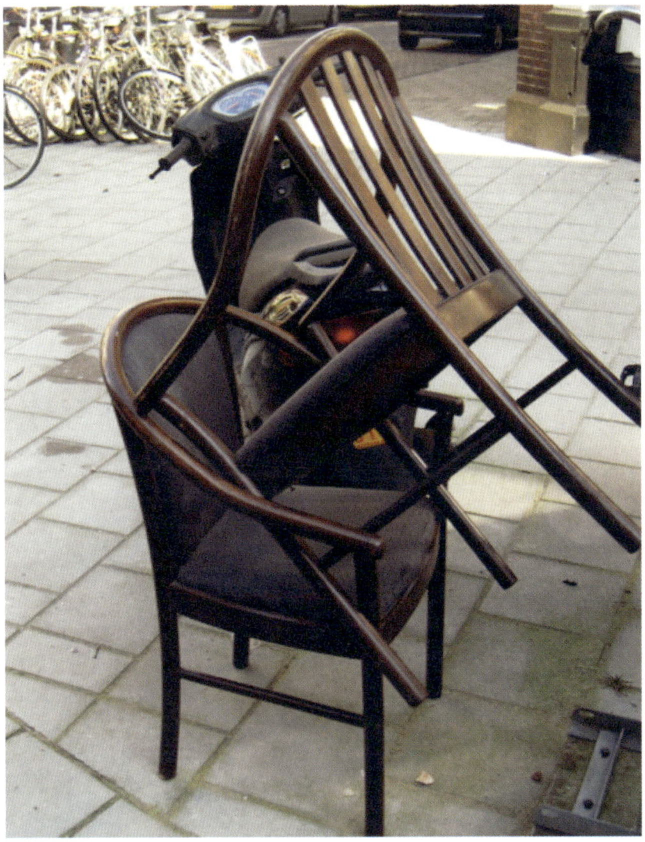

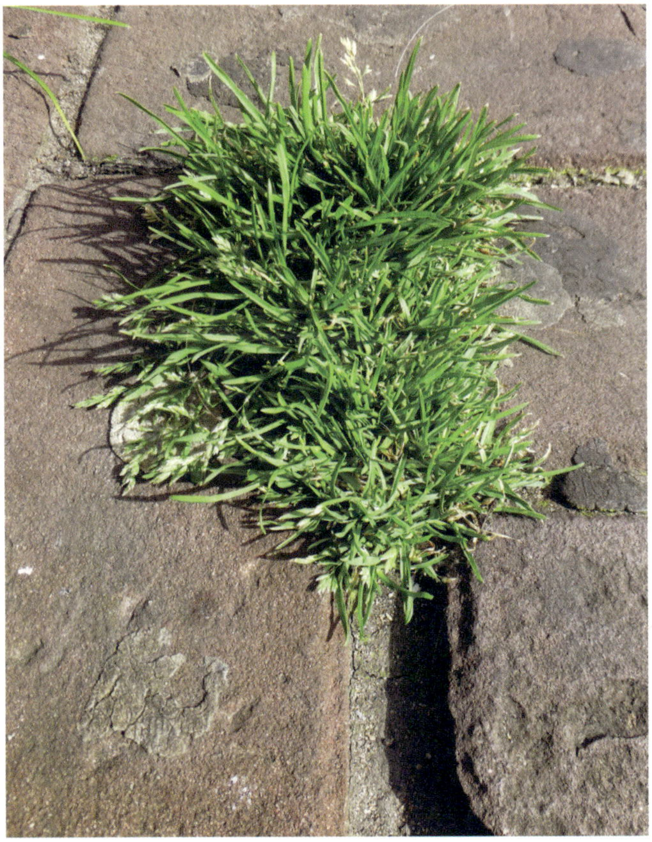

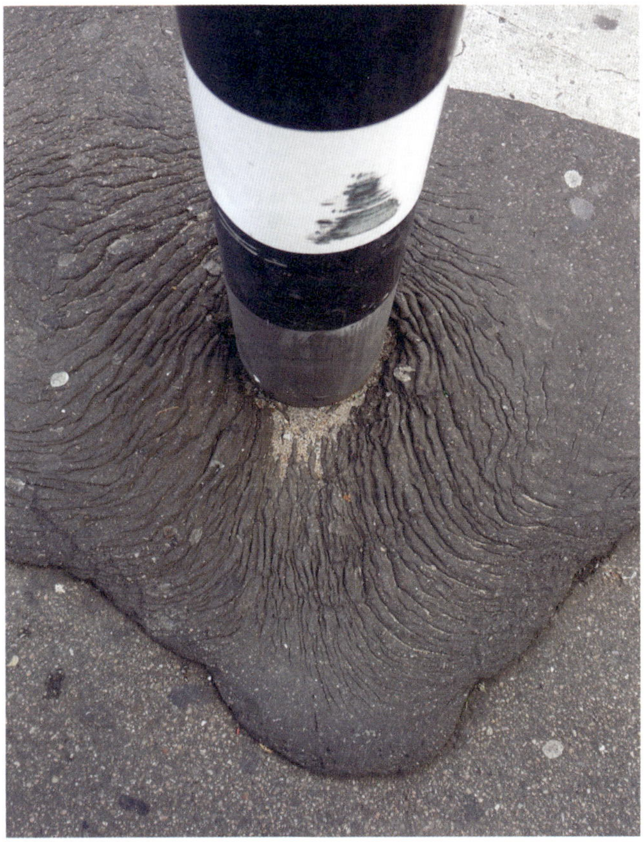

FORMAS Y ESCENAS ERÓTICAS EN EL ENTORNO URBANO

¿Tienes tus lugares preferidos para ir a sacar fotos?

La verdad es que no voy a ningún sitio en concreto a sacar fotos. No funciono así. Cuando salgo con una idea del tipo "Hoy voy a buscar imágenes que tengan que ver con…", siempre vuelvo a casa con la cámara vacía. Las mejores fotos aparecen cuando menos me las espero. Cuando de repente me fijo en ellas de refilón. Por otro lado, creo que prefiero pasearme por lugares que no son del todo predecibles, no demasiado "limpios", podríamos decir. Mi cámara y yo nos divertimos más en sitios un tanto cutres.

Cuando sacas una foto, ¿ya sabes en ese mismo momento si va a tener posibilidades?

Como te decía, muchas imágenes captan mi atención casi a través del subconsciente. Cuando me quedo con la sensación de que tengo que volver atrás para sacar una foto, suele querer decir que va a ser buena. Pero luego también hay épocas en las que hago muchísimas fotos. Casi siempre es cuestión de tiempo y, cuando repaso las imágenes, ya con cierta distancia, es cuando puedo elegir las que destacan.

¿La gente suele decirte algo mientras haces las fotos?

Sí, sí que me dicen muchas cosas. Los basureros, o los obreros que haya por la zona o la gente que esté pasando por allí. Sin embargo, cuanto más grande es la ciudad, menos comentarios me hacen. La gente tiende a ser más habladora en Ámsterdam que en Nueva York, por ejemplo.

A veces se temen que sea algún tipo de inspectora. Cuando saco una foto de la basura, creen que soy una técnica de una organización medioambiental. O cuando fotografío una moto, hay gente que cree que estoy comprobando si tienen los impuestos en regla o algo por el estilo. A veces, llegados a ese punto, se enfadan. Pero después los tranquilizo y les enseño muestras de mi trabajo, y me terminan dedicando una gran sonrisa. Me llegan a decir: "Ah bueno, esa es una forma bonita de verlo...".

¿Qué efecto esperas conseguir cuando la gente ve tus fotos?

Me gusta sorprender; me gusta cuando les brindo una mirada distinta sobre su entorno más cercano y ofrezco un punto de vista distinto. Y, sobre todo, me encanta que entiendan que no les hace falta viajar a confines lejanos ni ir a sitios lujosos para contemplar las maravillas del mundo.

www.maartjejaquet.wordpress.com

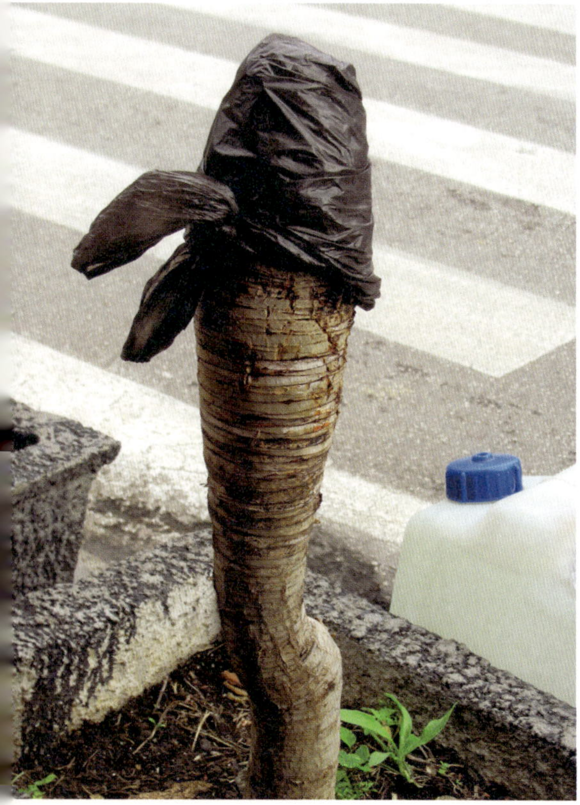

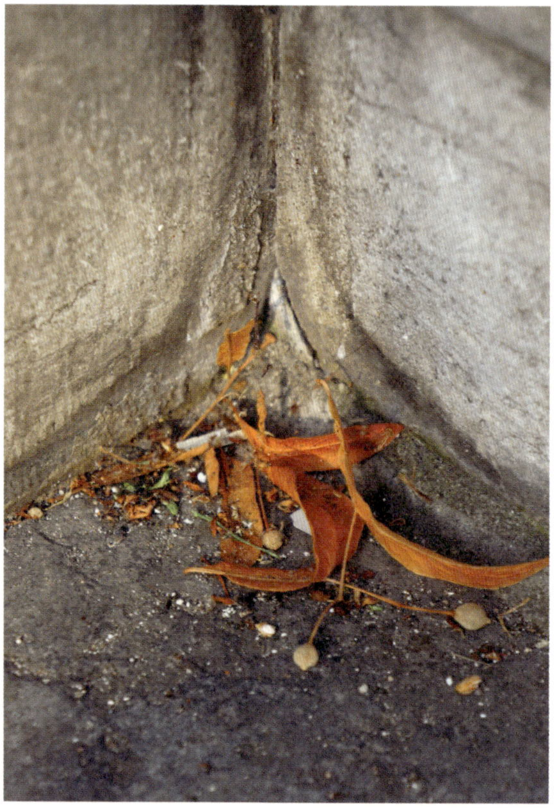

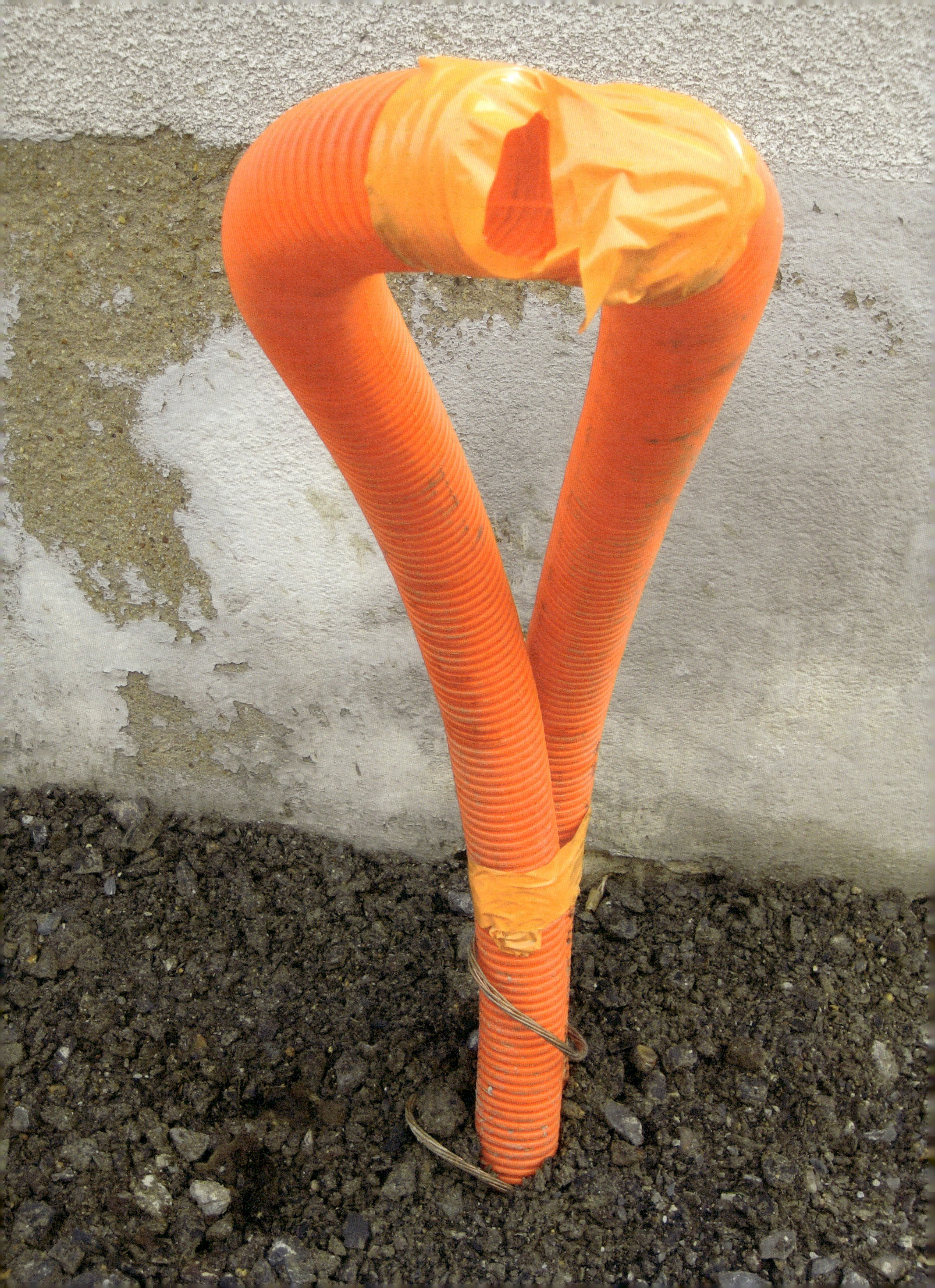

FILTROS FOTOGRÁFICOS CASEROS

Naturalmente, en tu móvil tienes aplicaciones maravillosas para editar las fotos. ¿Pero sabías que también se pueden sacar fotos chulísimas usando objetos cotidianos?

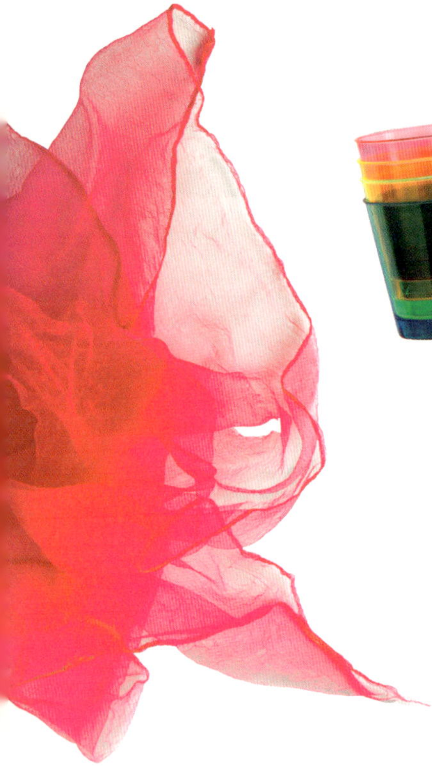

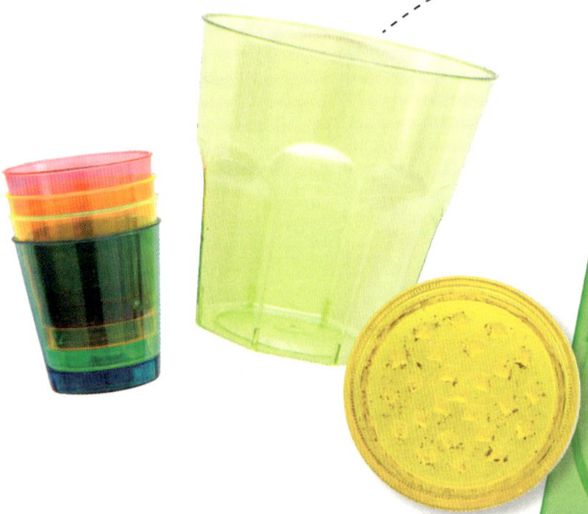

1. Reúne cosas que estén hechas de material transparente con algún tono de color, como pueden ser vasos de plástico, un pañuelo, film para envolver o cualquier otro objeto que encuentres.

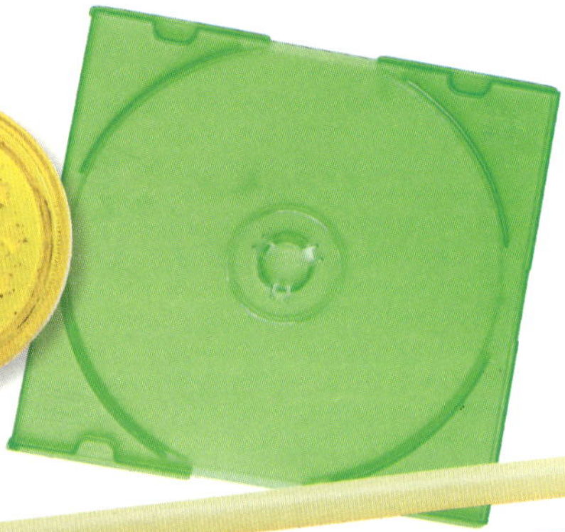

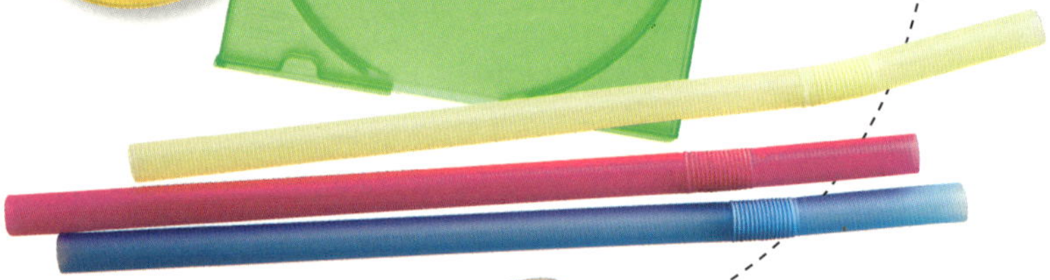

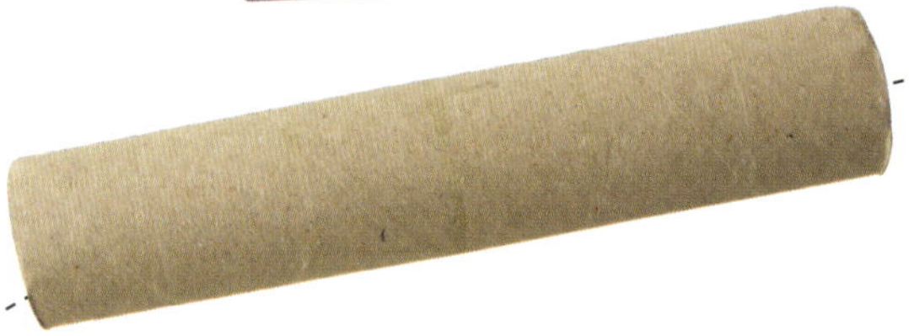

2. Puedes lograr efectos especiales incluso con un tubo de cartón, con pajitas o con una cartulina negra que tenga un círculo en el medio.

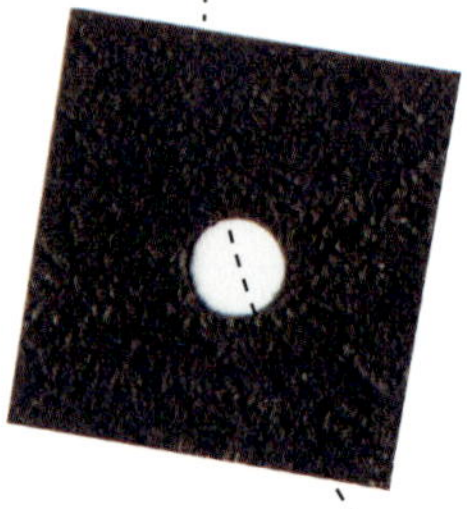

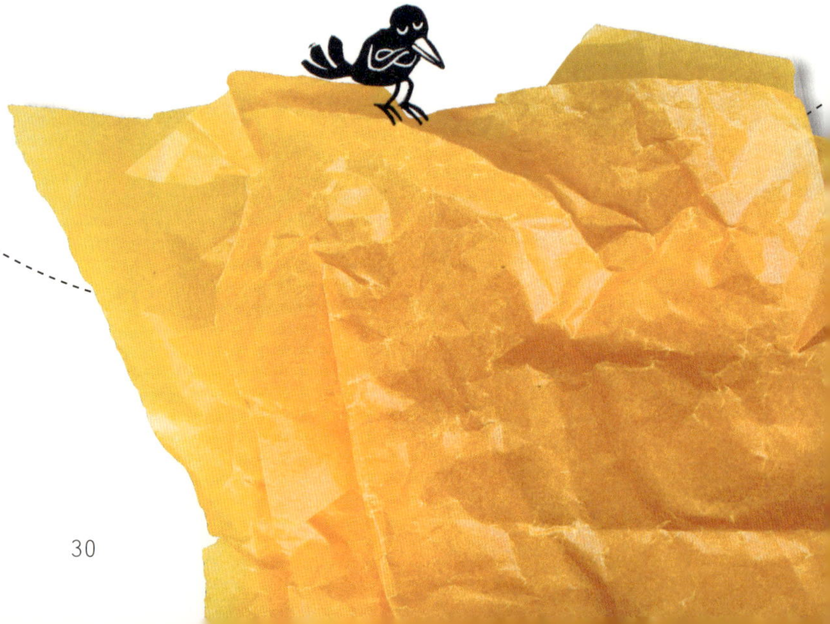

3. Sal de casa o sacaos fotos entre personas de tu entorno. Deja que tu imaginación fluya libre.

5 Nosotras hicimos algún experimento, y aquí están los resultados. ¡Esperamos que os gusten!

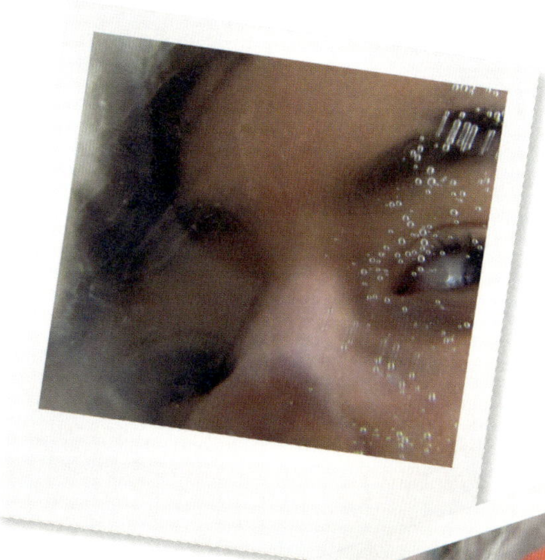

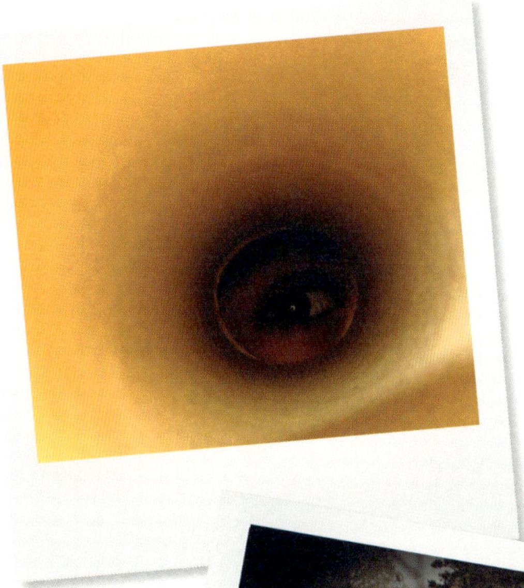

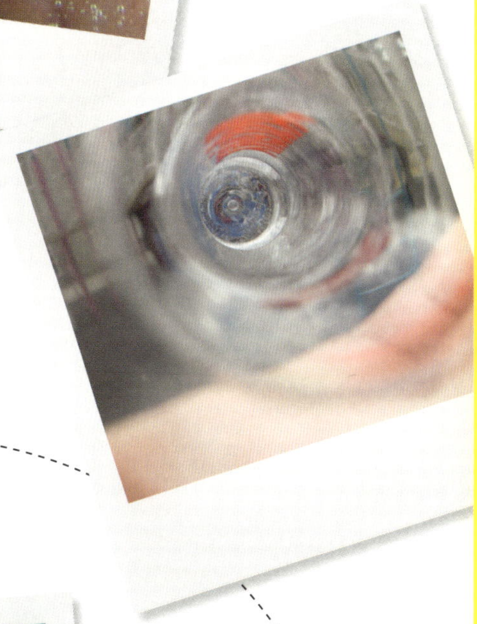

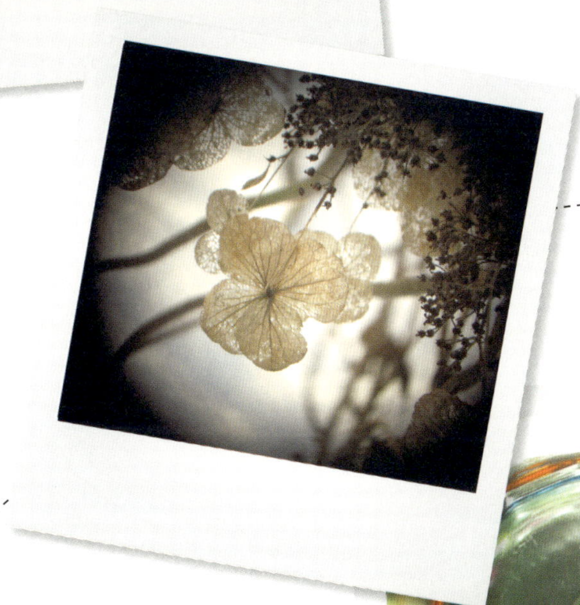

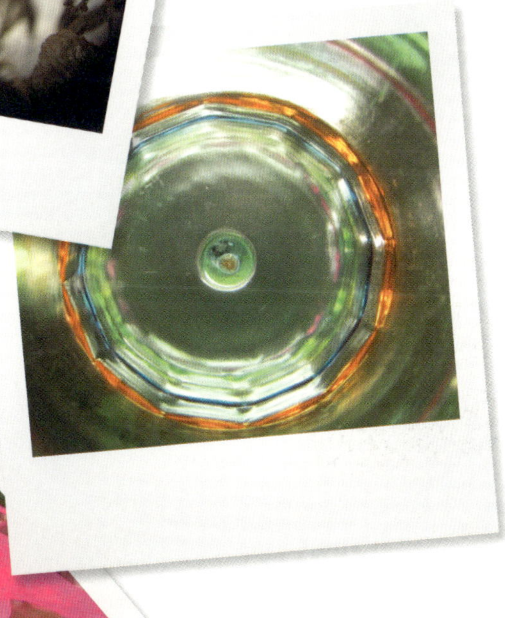

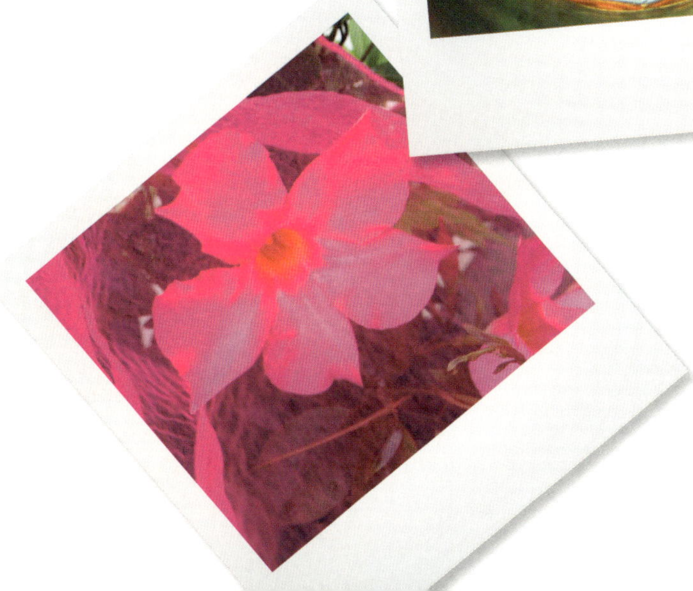

NATASHA TASTACHOVA
MALAS HIERBAS

Natasha Tastachova nació en Odesa (Ucrania) y estudió en escuelas de arte de su ciudad natal y de la localidad holandesa de Groningen. En 1992 se trasladó a los Países Bajos. Ha trabajado como estudiante en prácticas con Anton Beeke y fue diseñadora en G2K Designers, en Ámsterdam. Desde 2008 trabaja como directora de arte y diseñadora gráfica independiente en la misma ciudad. Si metes en una batidora la afición a la gastronomía, la ilustración y el diseño gráfico, el resultado de la mezcla será su trabajo.

Obteniendo la financiación a través de un *crowdfunding*, Tastachova se encargó de editar por su cuenta un libro titulado *Ongewild* ('No intencionado'). El volumen tiene como protagonistas a las malas hierbas. No es el clásico libro ilustrado, ni tampoco un libro de cocina, pero sí aporta una nueva identidad a la vegetación fea. El libro muestra cómo las hierbas que crecen sin el permiso de nadie pueden ser una verdadera fuente de inspiración inesperada. *Ongewild* nos enseña a apreciar esas malas hierbas tan poco deseadas.

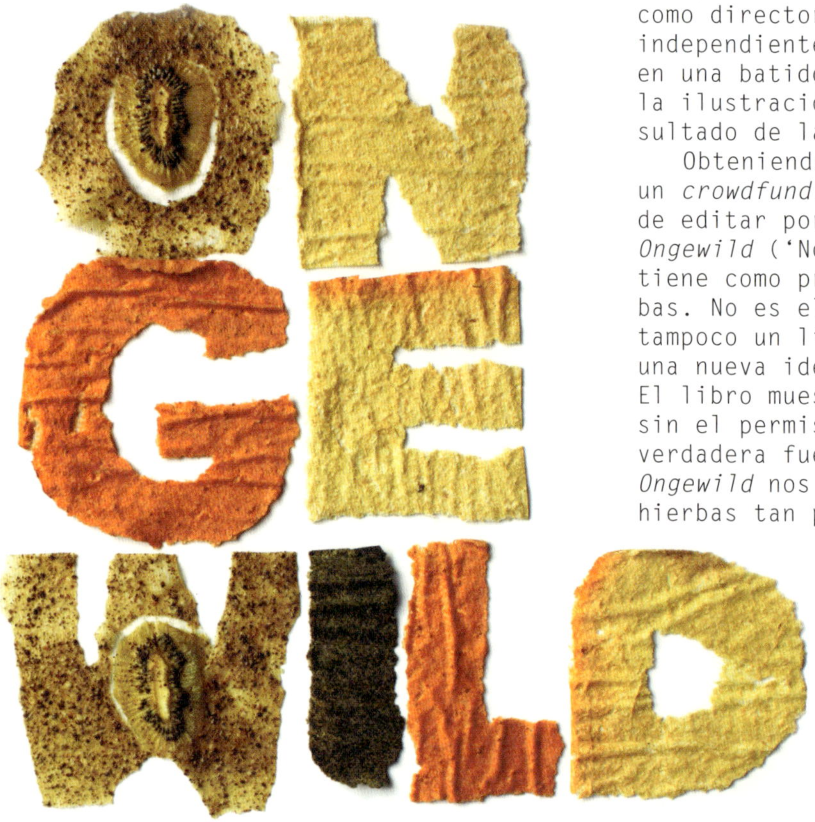

La piel curtida hecha de fruta se hace tradicionalmente poniendo la fruta a secar sobre una bandeja para hornear. Primero se aplasta y se esparce sobre el plato. Luego hay que dejarla secar unas ocho horas en el horno, a baja temperatura.

Esto también puede hacerse con plantas y hierbas. En este caso, los denominamos "brotes verdes curtidos" y conviene usar hojas prensadas, un poco de sal y zumo de limón.

La piel de fruta curtida se puede utilizar para hacer bolsas, ropa y tarjetas comestibles.

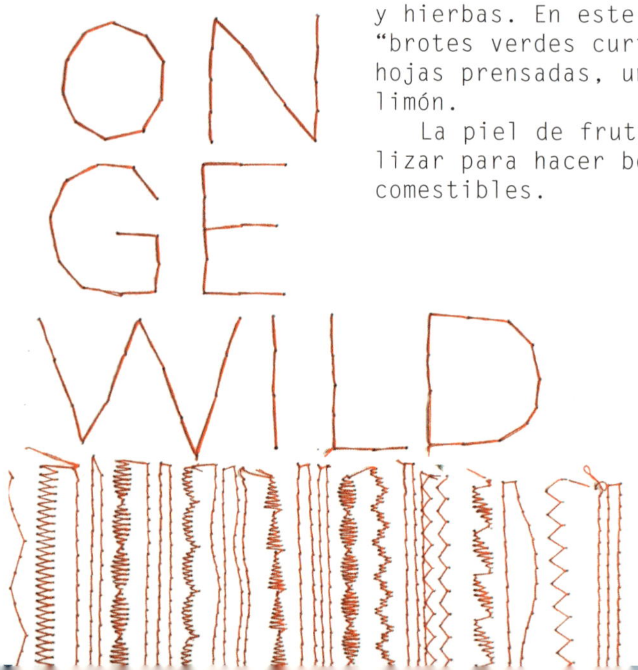

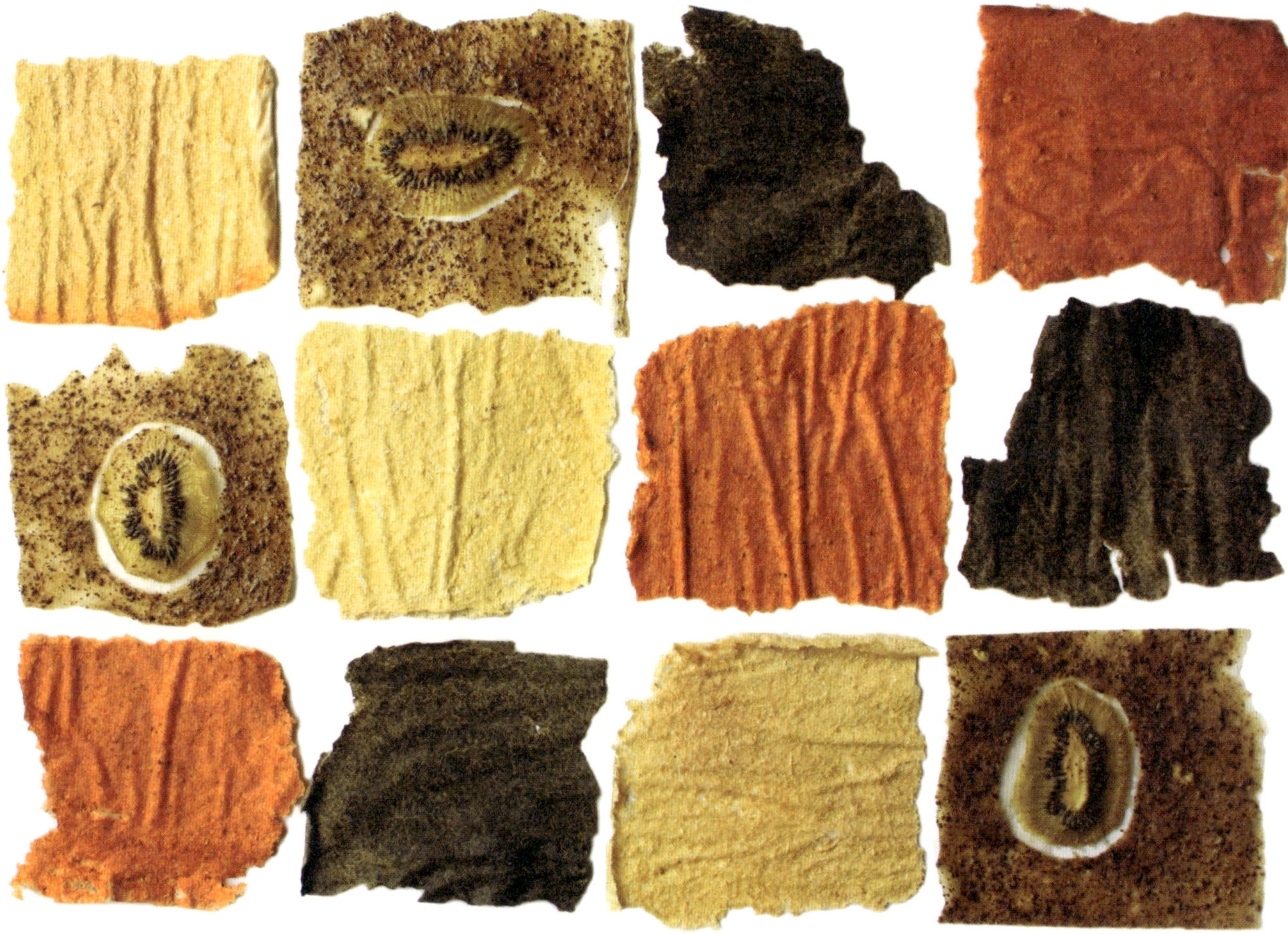

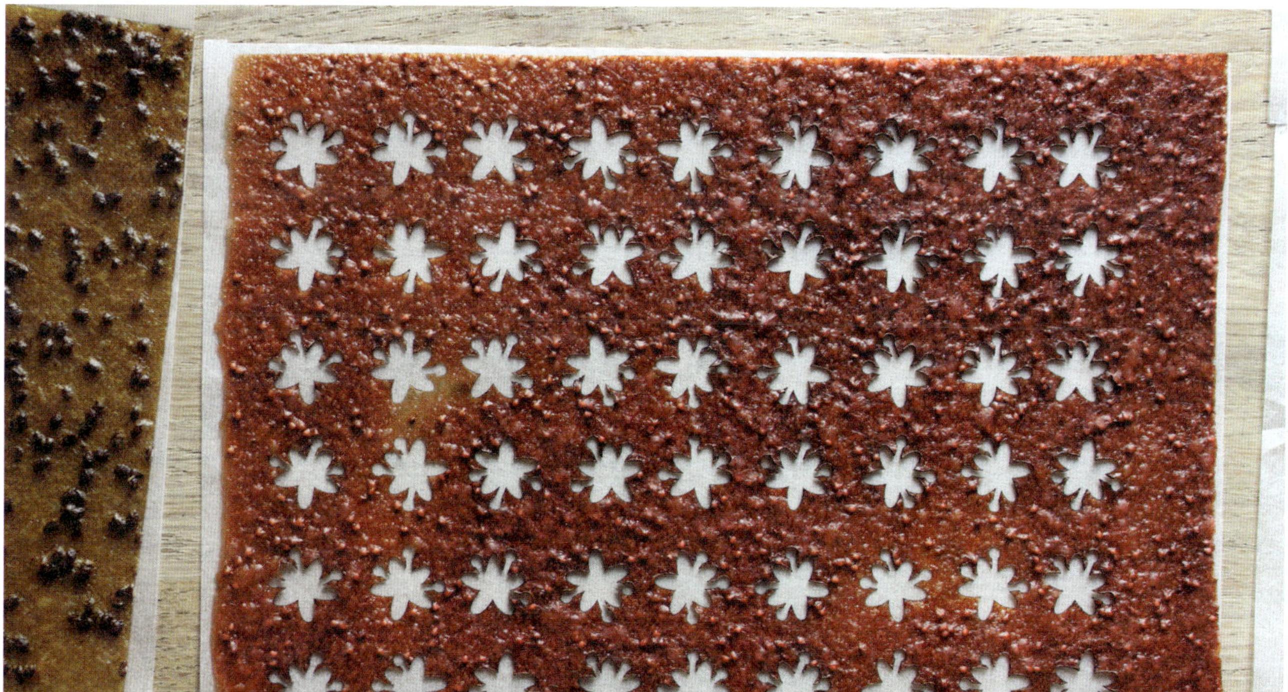

1 Angélica
(*Angelica archangelica*)
2 Verónica
(*Veronica*)
3 Levístico
(*Levisticum officinale*)
4 Romaza
(*Rumex sanguineus*)
5 Valeriana
(*Valeriana officinalis*)
6 Ortiga
(*Urtica*)

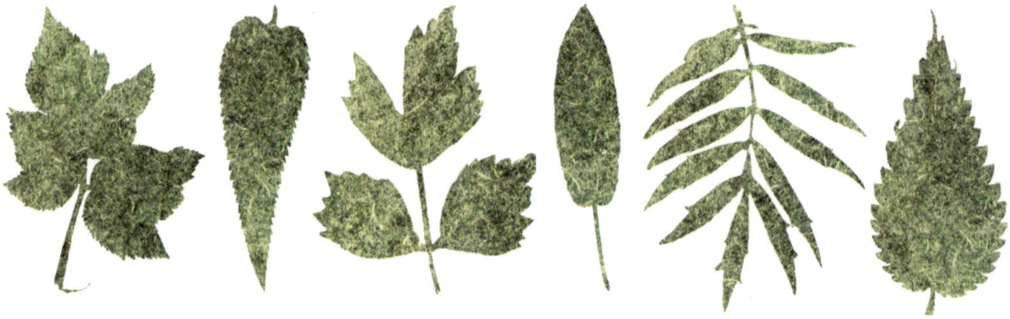

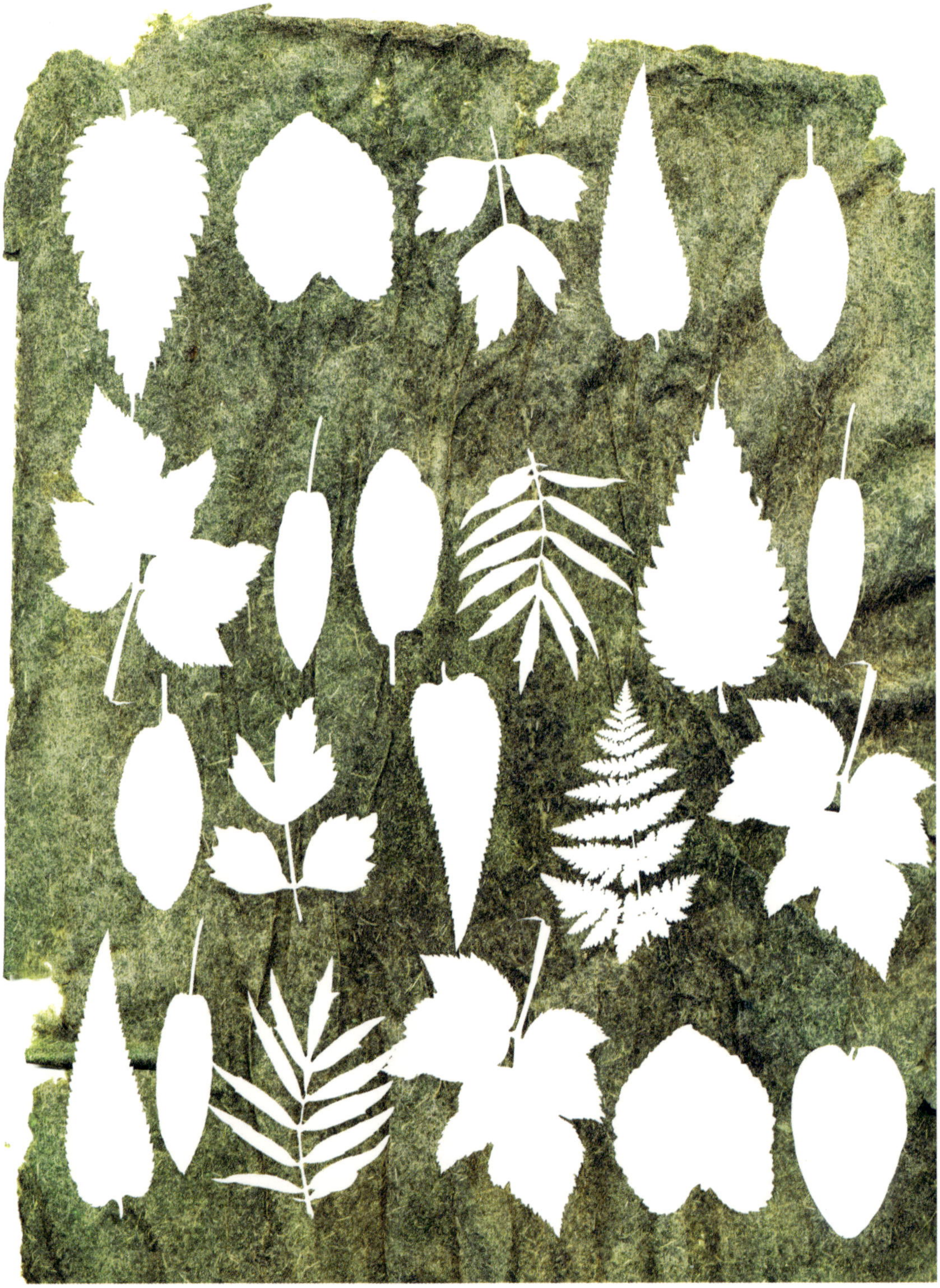

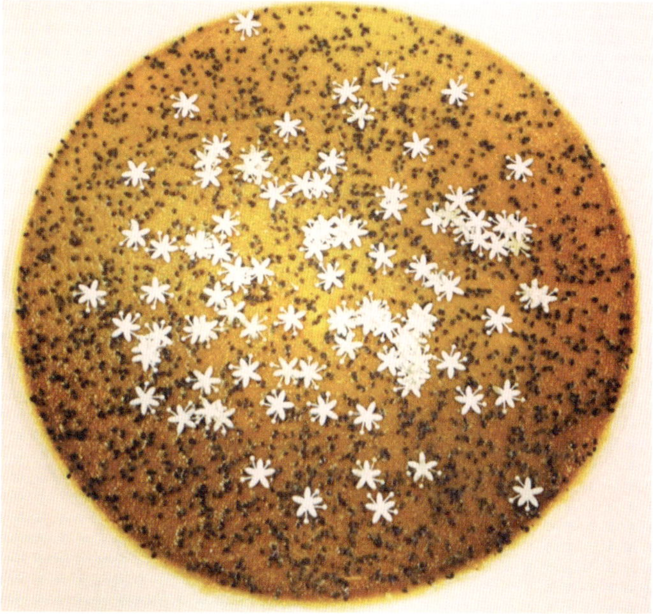

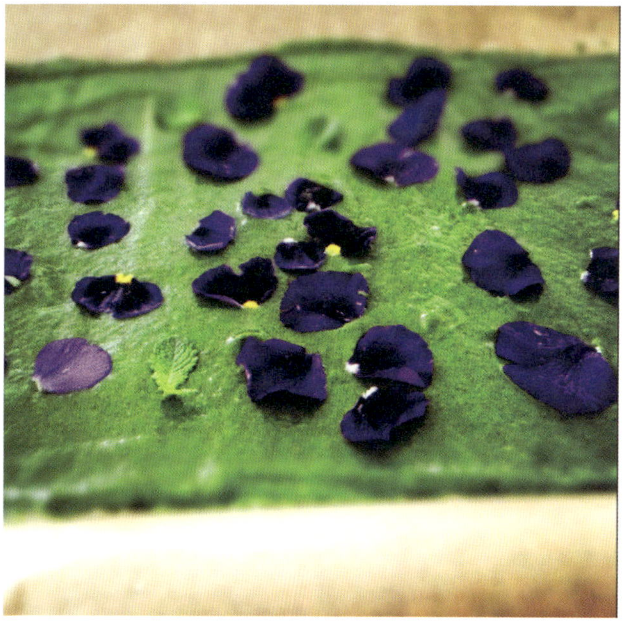

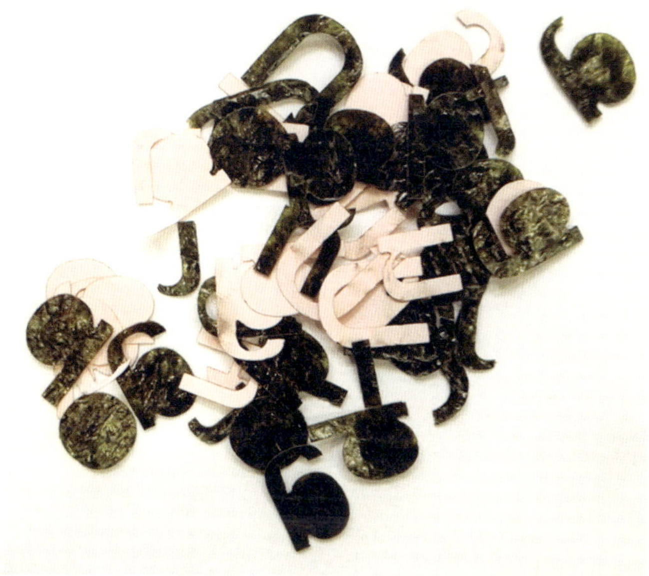

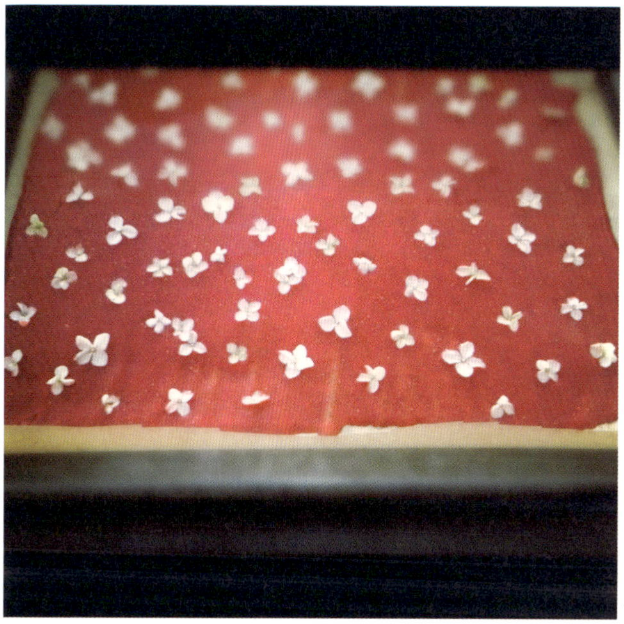

Aparte de recibir encargos, ¿has mantenido la dedicación a tus propios proyectos?
Desde que monté mi propio negocio, siempre he llevado a cabo mis proyectos personales. Para mí es algo natural desarrollar ese tipo de trabajo. Siempre tengo un montón de ideas y me encanta colaborar con otras personas. Es maravilloso servir de inspiración a los demás y que te inspiren.

¿Es la comida tu mayor fuente de inspiración?
La comida no es mi mayor fuente de inspiración, pero es la más hermosa. La comida establece conexiones entre las personas. Tiene sus propias tradiciones pero también se puede seguir experimentando con ella. Hay una serie de combinaciones que me encantan: comida = arte, comida = moda, comida = contar historias.

¿Estás trabajando ahora mismo en algo nuevo?
Mi nuevo proyecto se llama *Las reinas de las sardinas* y tiene que ver con documentarse sobre un concepto mínimo:

www.queensofsardines.nl
www.tastachova.nl

PESTO DE PODAGRARIA

La podagraria, o pie de cabra, es una hierba invasiva que crece muy rápido. Es muy difícil de erradicar. Los minúsculos brotes del rizoma que se hallan en la tierra enseguida se transforman en plantas bien robustas. Sin embargo, ¡la buena noticia es que es comestible! Así que, si no puedes acabar con ella, ¡zámpatela!

¡Esta sencillísima receta de pesto es deliciosa!

(1) Ingredientes:

- 2 buenos manojos de podagraria (sin el tallo; las hojas arrancadas y bien picadas)
- 3 dientes de ajo
- 50 g de nueces
- 100 g de parmesano
- sal
- aceite de oliva virgen extra

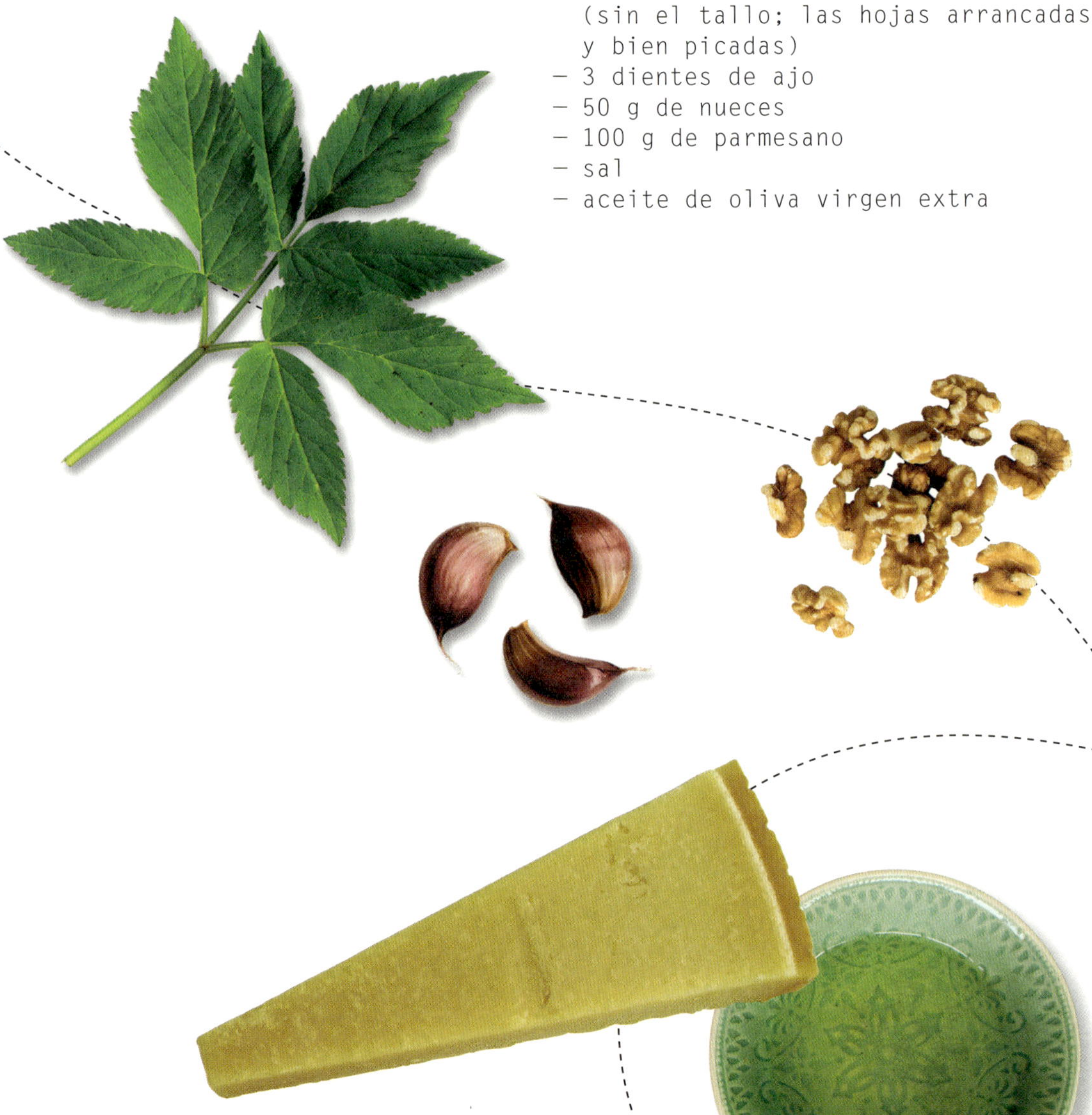

2 Mezcla la podagraria, el ajo, las nueces y el parmesano con un poco de sal y aceite en un robot de cocina, o bien con un mortero.

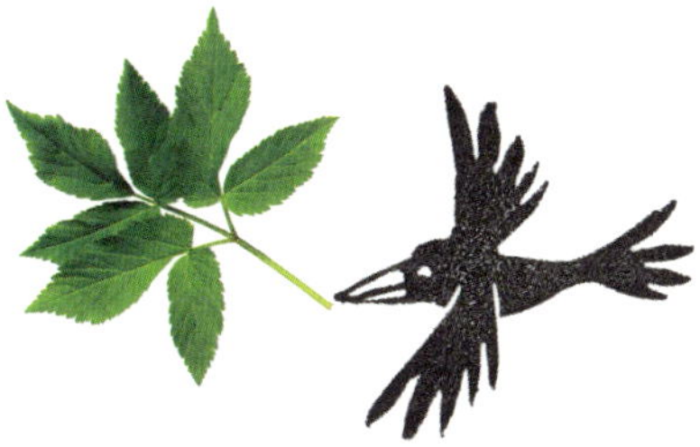

3 Si queda demasiado seco, añade más aceite de oliva. Prueba el pesto y añade más sal, ajo, nueces o queso, a tu gusto.

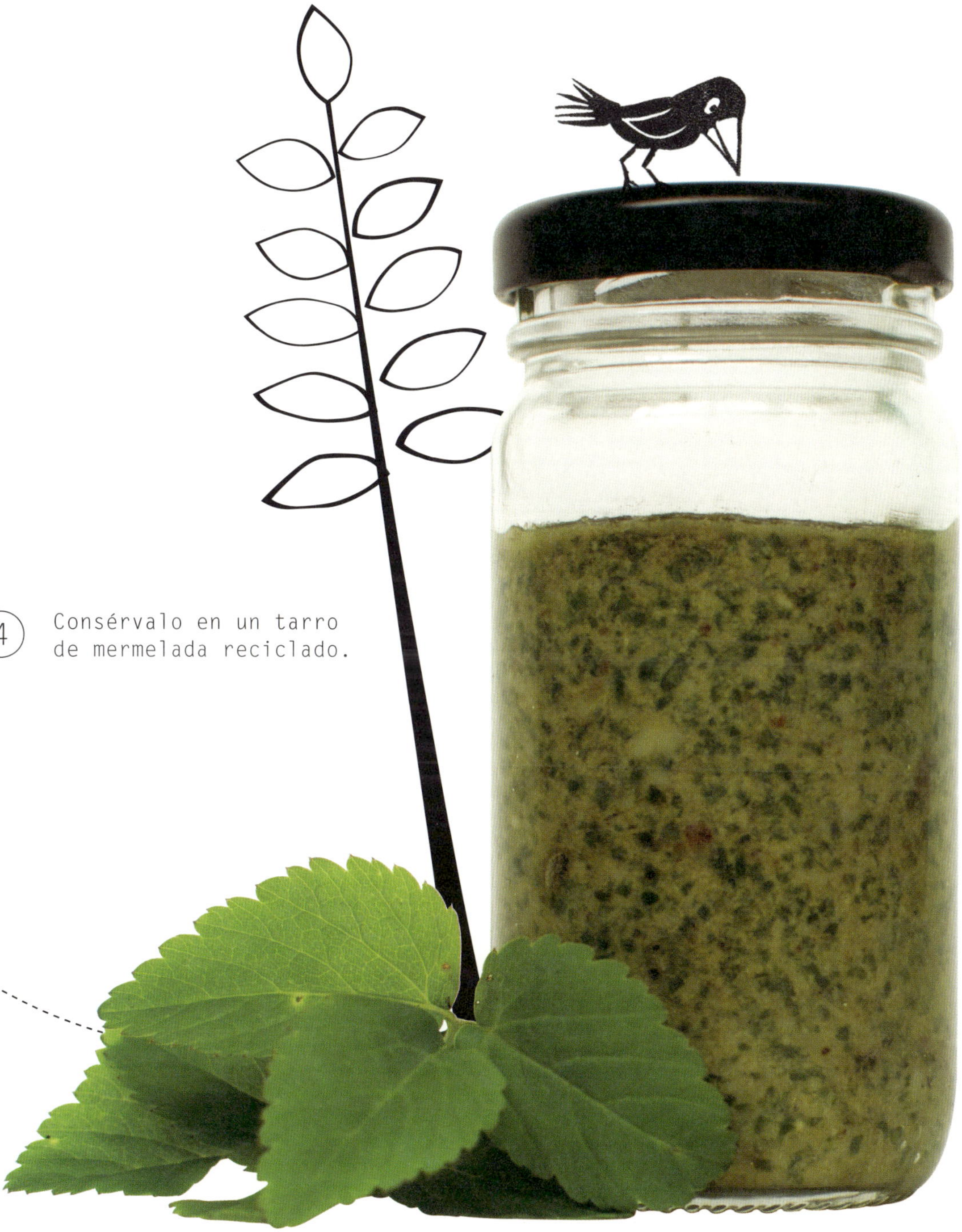

4 Consérvalo en un tarro de mermelada reciclado.

NANA ROSENØRN HOLLAND BASTRUP ESTRUCTURAS DE CARTÓN

Nana Rosenørn Holland Bastrup nació en 1987 en Copenhague, Dinamarca. Se graduó en Bellas Artes en la Universidad de Hamburgo en 2015. Actualmente reside y desarrolla su labor artística en Berlín, Alemania.

Desde 2009 ha basado su trabajo en la reutilización de material de embalaje, y ha creado desde pequeñas máscaras hasta costosas instalaciones de grandes dimensiones. Los temas que le interesan abarcan la publicidad, el consumo y el reciclado. Su proceso creativo consiste en apilar cajas de cartón que ha ido reuniendo, o en ir ensamblando fragmentos de residuos de embalaje.

Sus trabajos pretenden aludir al consumo excesivo, a las elecciones individuales y a la falta de discernimiento ante el aluvión contemporáneo de imágenes y textos.

Algunas de sus exposiciones más recientes se han celebrado en el Aarhus Kunsthal (Aarhus, Dinamarca), Den Frie Udstillingsbygning (Copenhague, Dinamarca) y el Altonaer Museum (Hamburgo, Alemania).

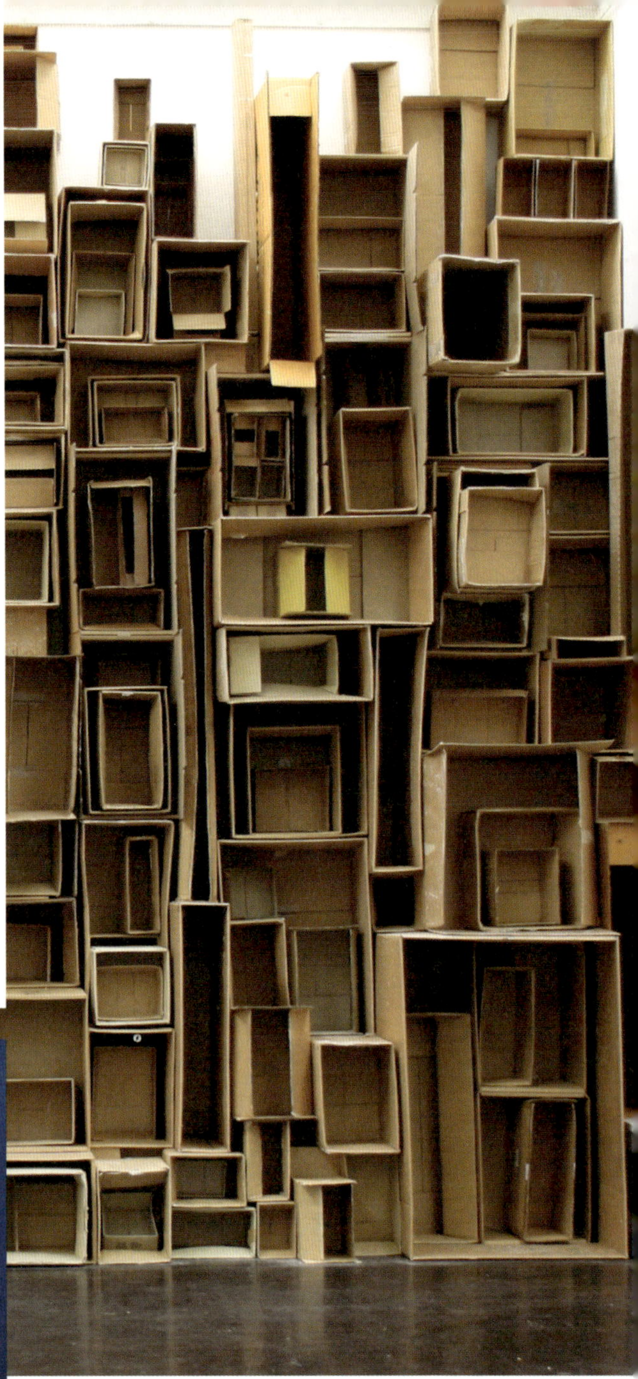

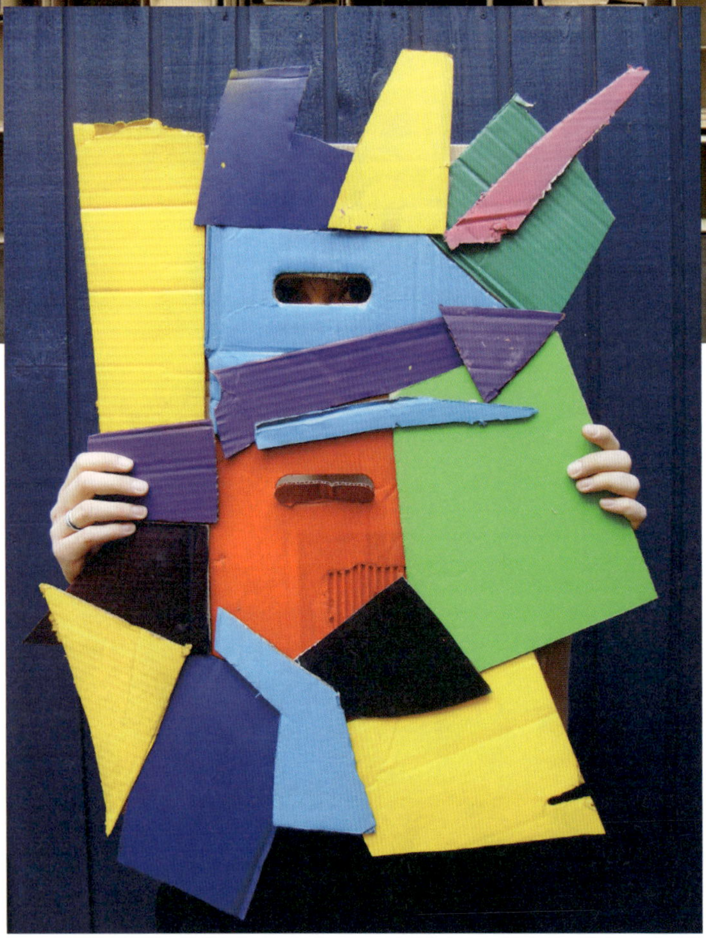

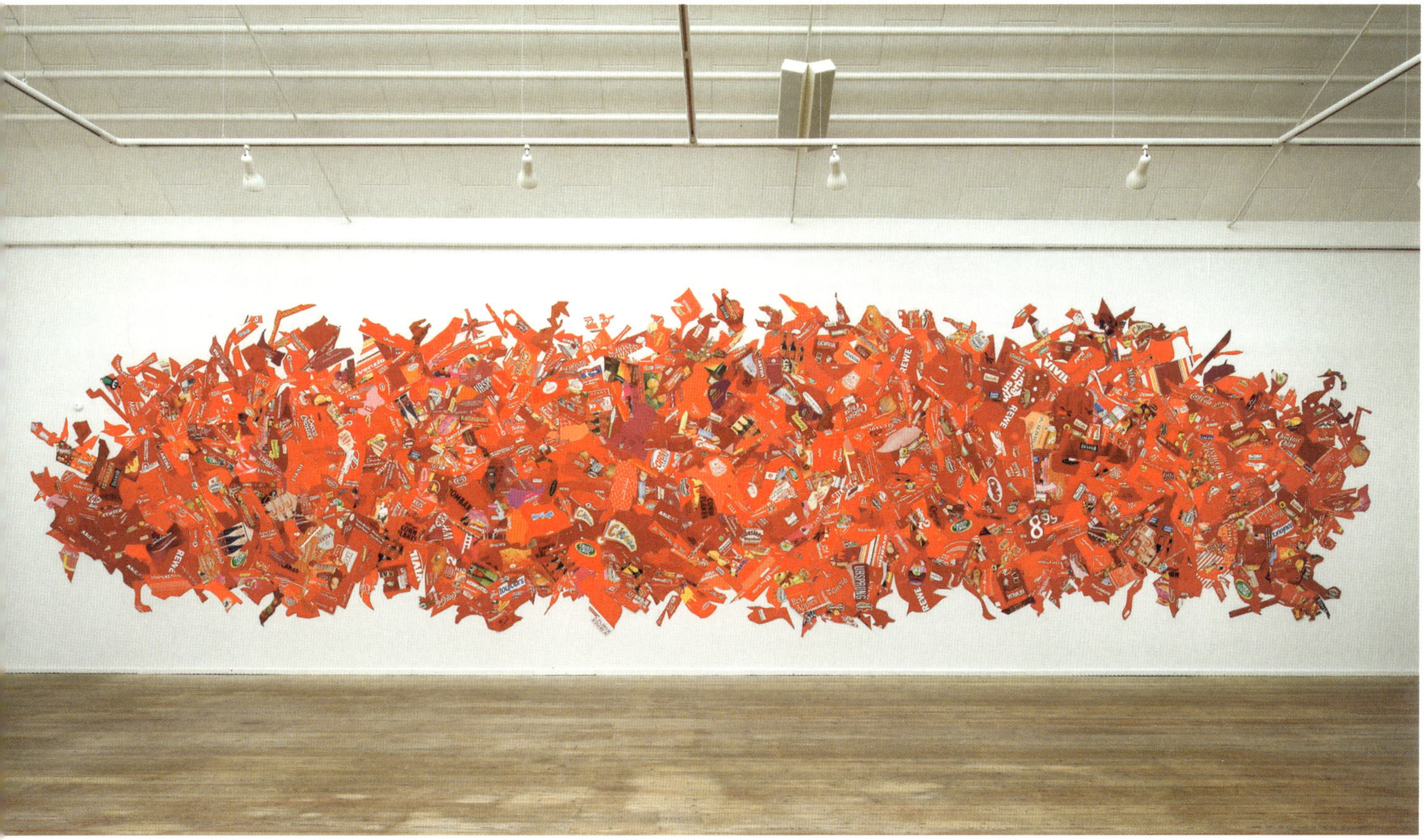

Tu obra es muy diversa. Creas instalaciones, pintas, dibujas, grabas vídeos, sacas fotografías. ¿Haces lo que te apetece en cada momento, o lo planificas por adelantado?
Trabajo con distintos formatos y mi proceso creativo es instintivo y a la vez planificado. Muchas veces parto de una fascinación por un material en concreto y después desarrollo las ideas y planeo la ejecución. No todos mis trabajos forman parte del conjunto principal de mis obras; hay trabajos que solo se pueden entender a partir de otras obras, y así sucesivamente. También hay ideas que surgen entre un proyecto y el siguiente. Por ejemplo, de una instalación a un trabajo en vídeo o un cuadro.

¿Recuerdas el primer trabajo que llevaste a cabo con cajas de cartón?
Antes de iniciar mis estudios tenía un pequeño estudio en Copenhague, donde realicé un montón de piezas con cajas de cartón, por ejemplo, las máscaras [de la serie Polykrome Forklædninger] y la pieza de vídeo [El tercer mundo].

¿Qué aspecto tiene tu estudio?
En mi actual estudio berlinés siempre hay un rincón donde lo tengo todo ordenado y un rincón del caos, y entre esos dos puntos es donde trabajo.

¿Qué planes tienes para el futuro?
En el futuro espero tener nuevas oportunidades de realizar más instalaciones monumentales en edificios históricos, como castillos, o en museos modernos y galerías.

www.nanarosenoernhollandbastrup.dk

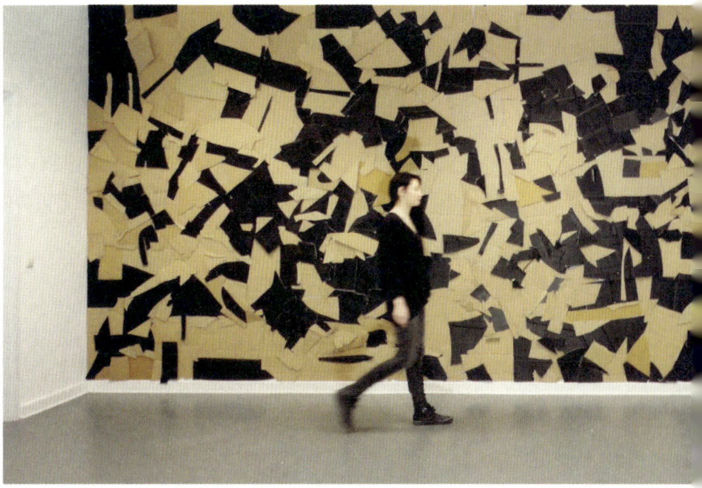

MÁSCARAS DE CARTÓN

Está claro que puedes irte a una tienda y comprarte una máscara, ¿pero a que es más divertido fabricarte una tú mismo? ¡Y además es gratis!

1. Lo que necesitas:
   - cajas de cartón, de pizza, de embalar... cualquiera vale
   - un cúter para cartón, unas tijeras, una alfombrilla para cortar y cinta adhesiva

2. Empieza por una cinta para rodear la cabeza.

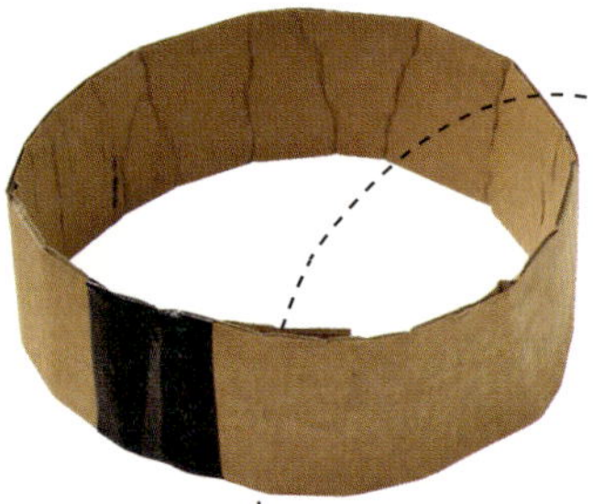

3. Recorta la forma de la cabeza (este no es más que un ejemplo, tú experimenta con toda libertad).

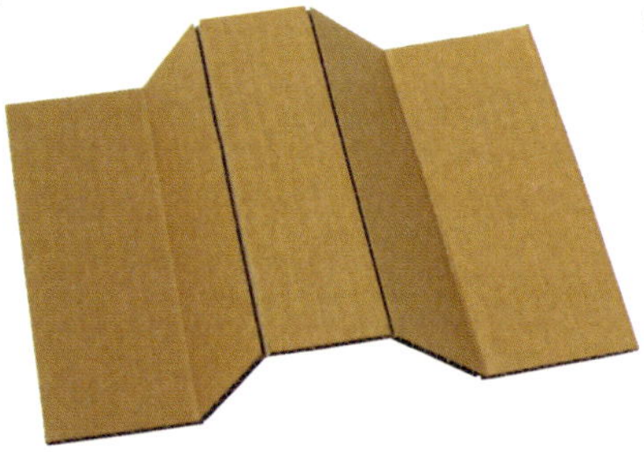

4. Recorta la forma de la nariz (o del pico, o lo que quieras).

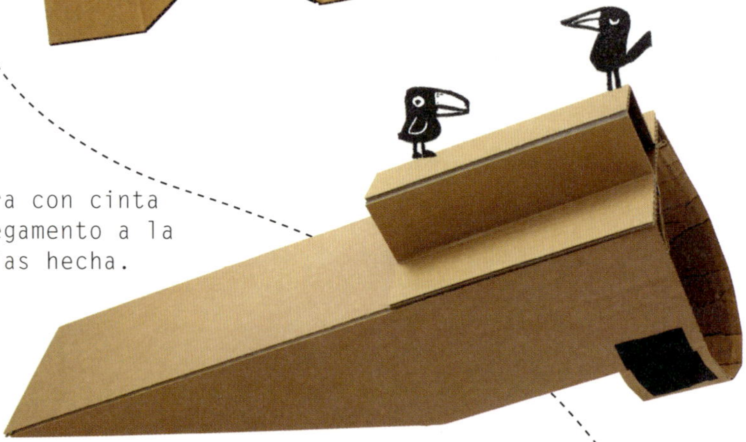

5. Pega la estructura con cinta adhesiva o con pegamento a la cinta que ya tenías hecha.

6. Hazle los agujeros de los ojos y añádele detalles divertidos (pelo, ojos, una boca, orejas, etc.).

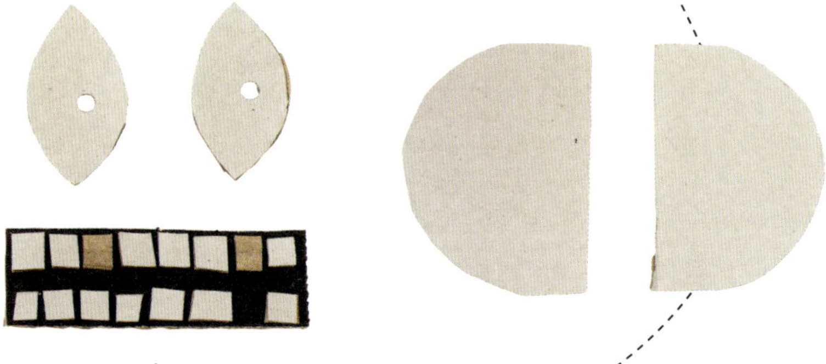

7 ¡Hazte una foto!

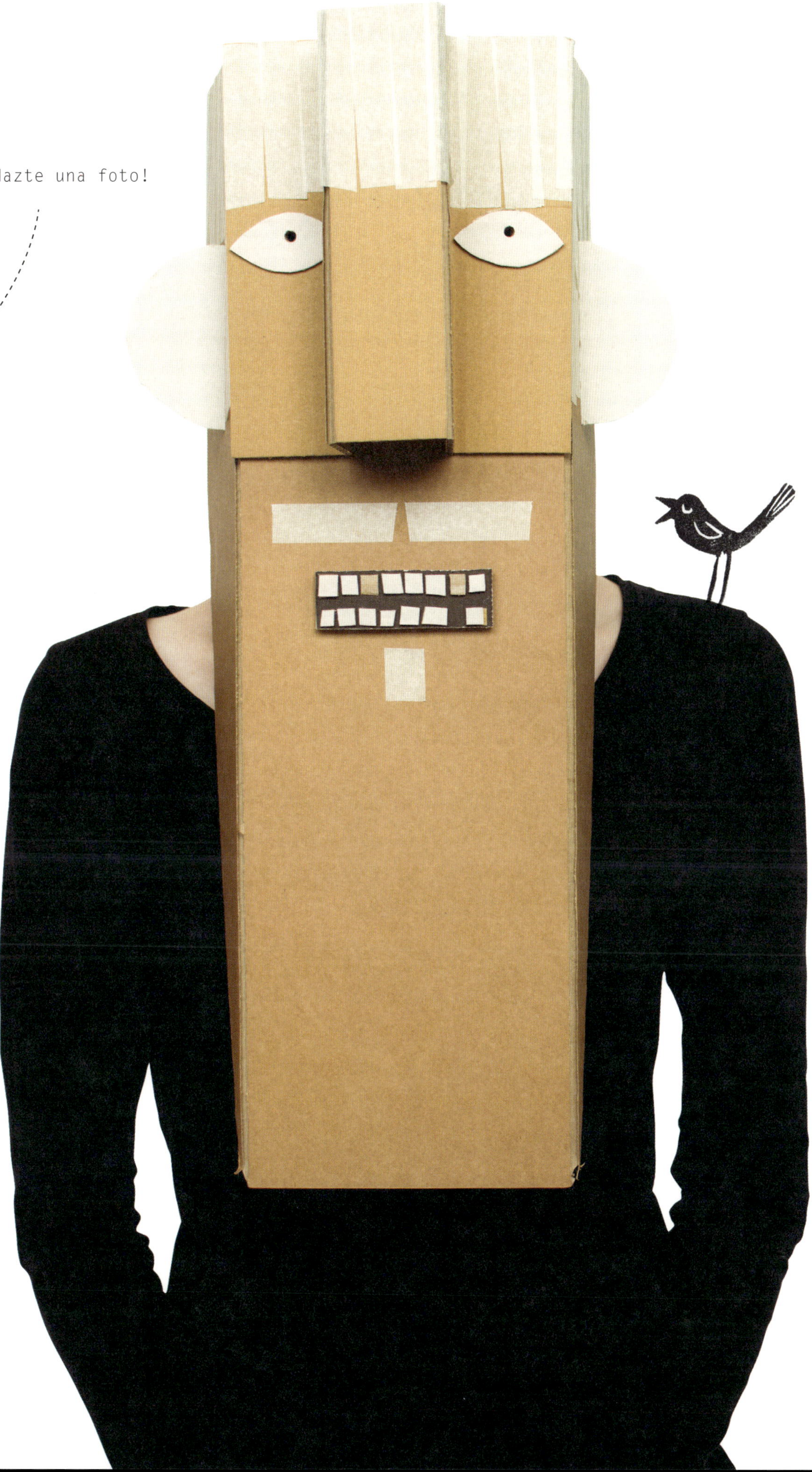

ANJA BRUNT
LAS MIL Y UNA CARAS

Anja Brunt es diseñadora gráfica y vive en Ámsterdam, Países Bajos, con su novio y sus dos conejos. Le encanta pasar tiempo al aire libre, sobre todo en las islas Wadden, situadas al norte del país. Su lugar preferido en su ciudad es el zoo de Artis.

Dado que venía utilizando el ordenador en gran parte de su trabajo, en un momento dado sintió el impulso de descubrir y poner a prueba nuevas ideas que no requirieran de tratamiento informático. Así pues, el 1 de enero de 2011 decidió poner en marcha el proyecto *365 caras*.

Durante aquel primer año creó una cara al día y las fue publicando en su blog. Sin reglas ni restricciones. A Anja le gusta emplear materiales que carecen de valor, objetos aleatorios y basura recogida de la calle. Tras completar su cara número 365 a finales de 2011, rebautizó el proyecto con el nombre de *1001 caras*, ya que no tenía ganas de darlo por concluido.

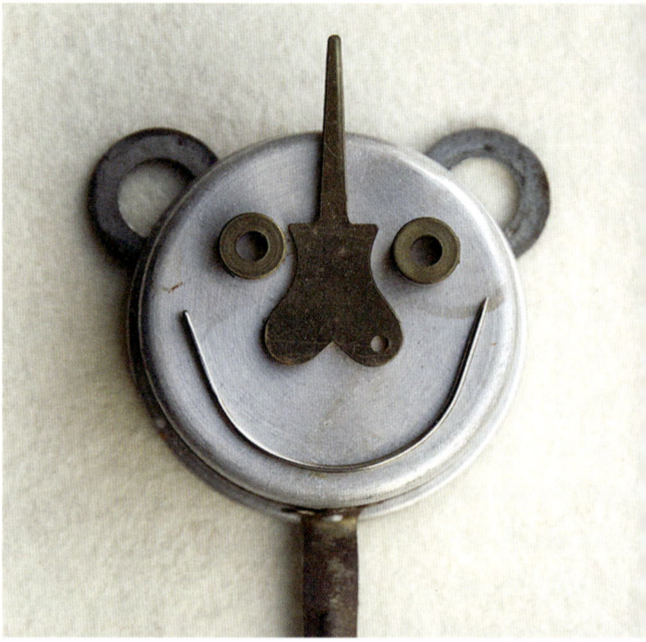

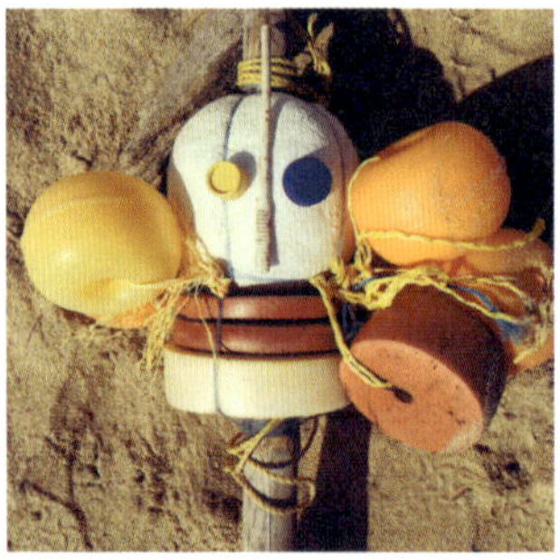

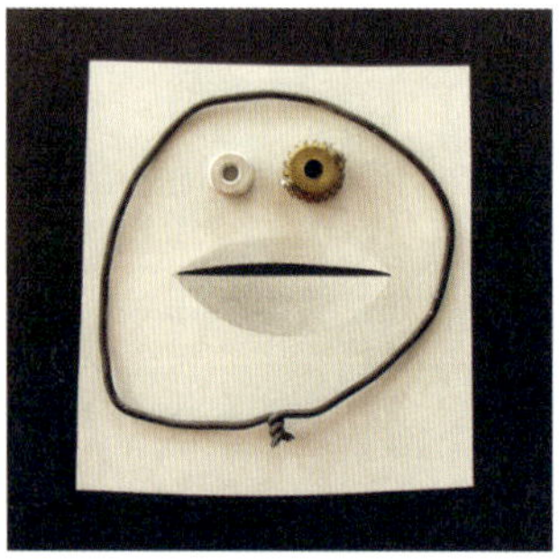

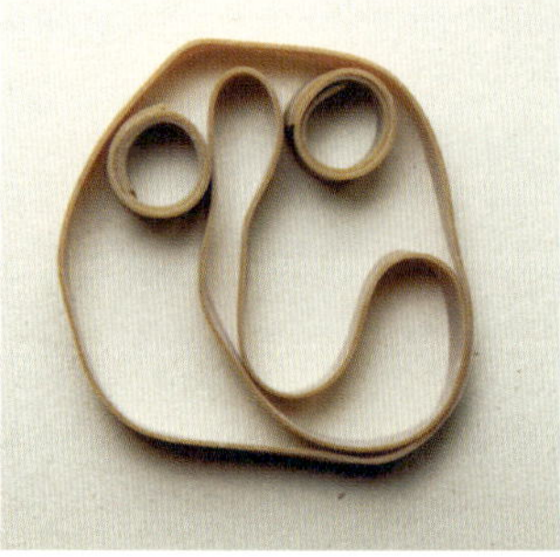

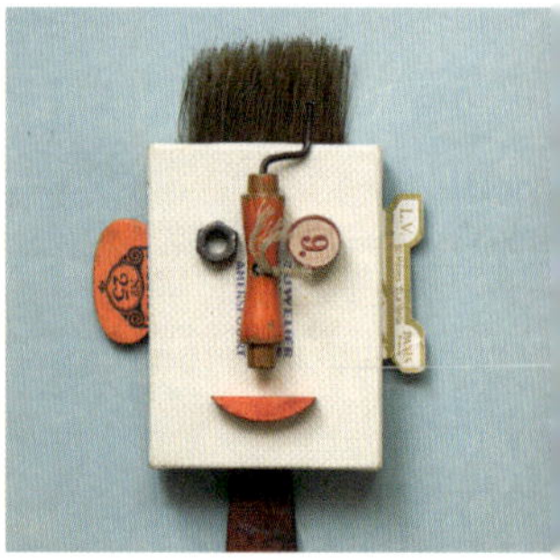

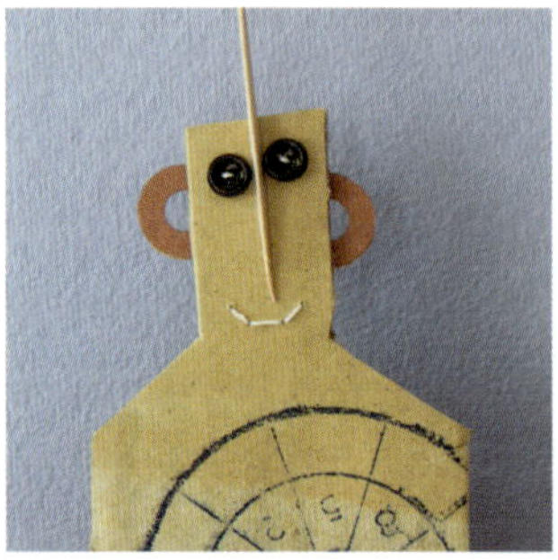

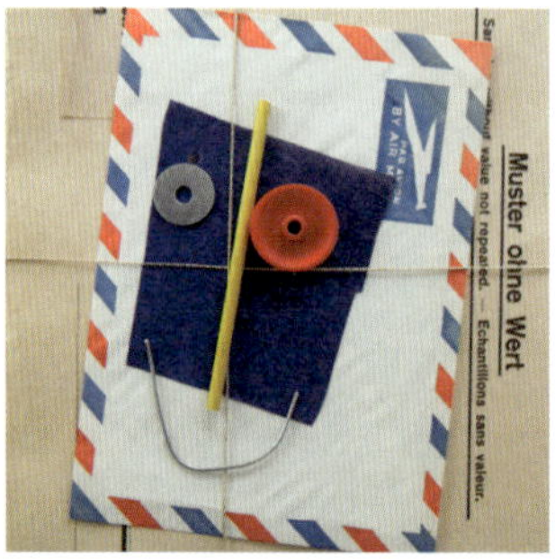

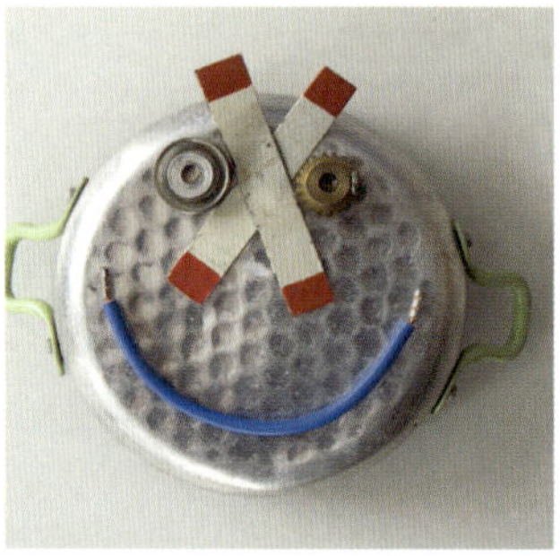

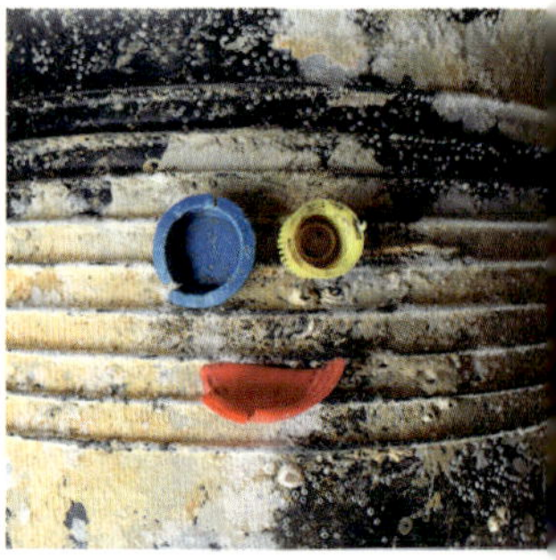

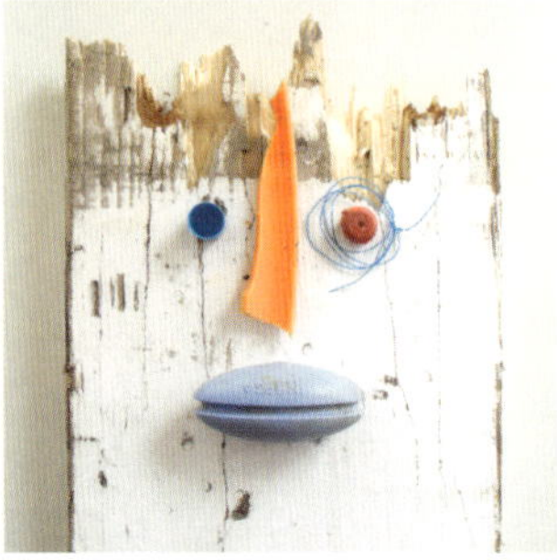

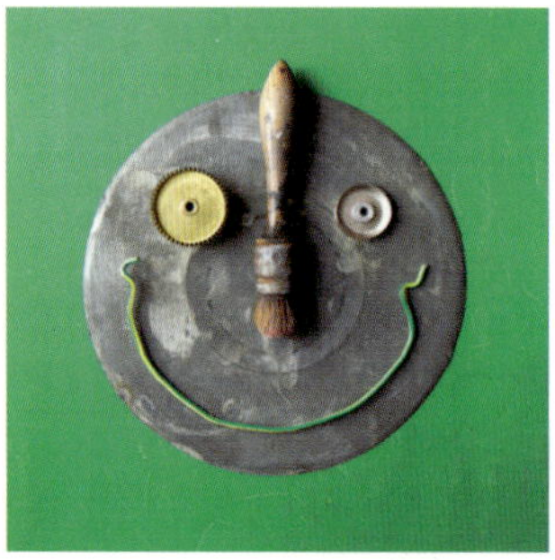

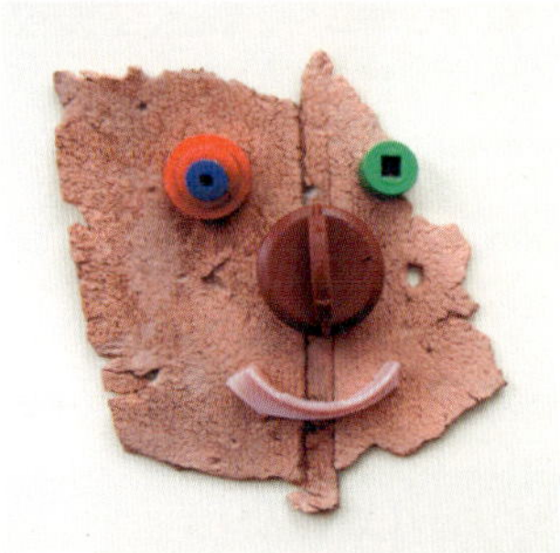

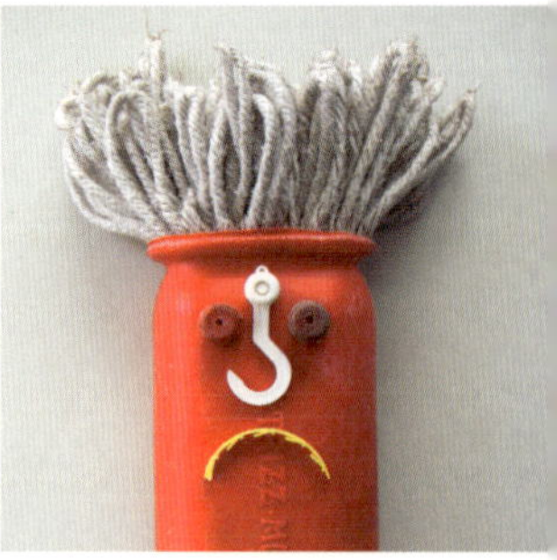

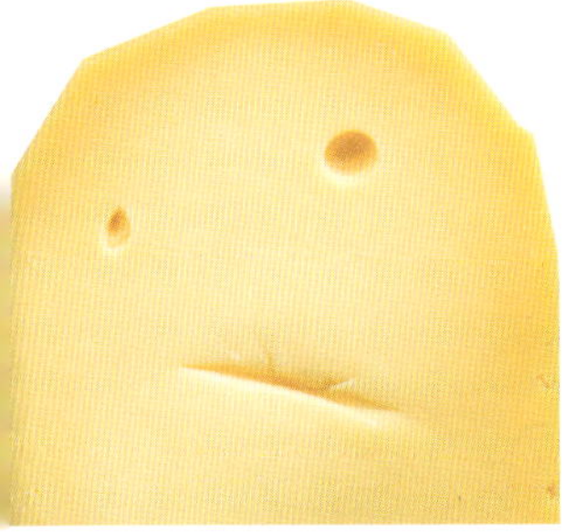
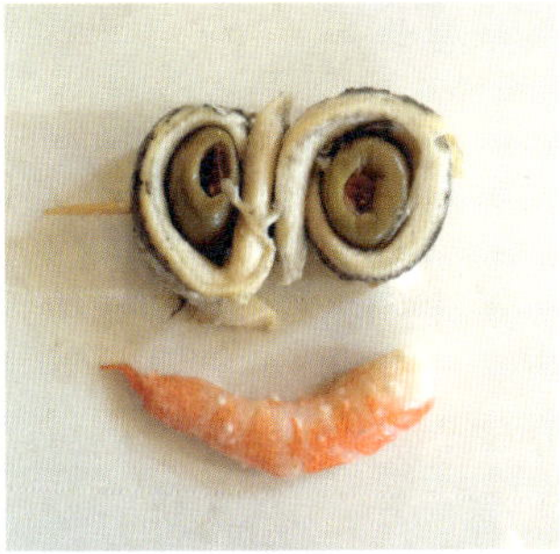
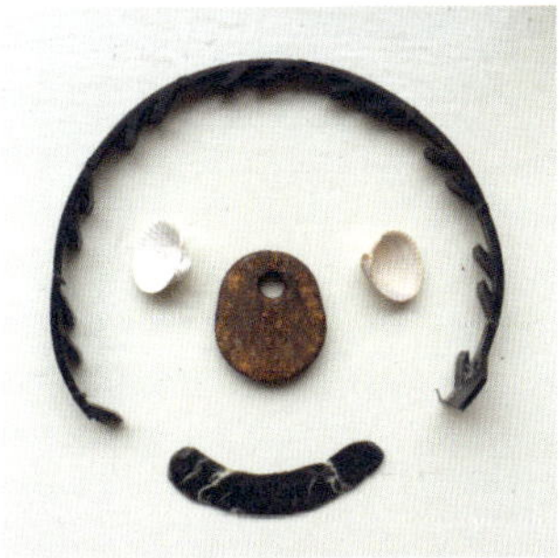
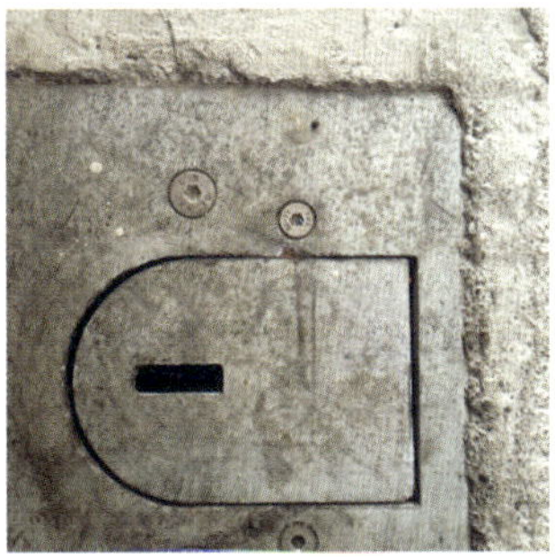
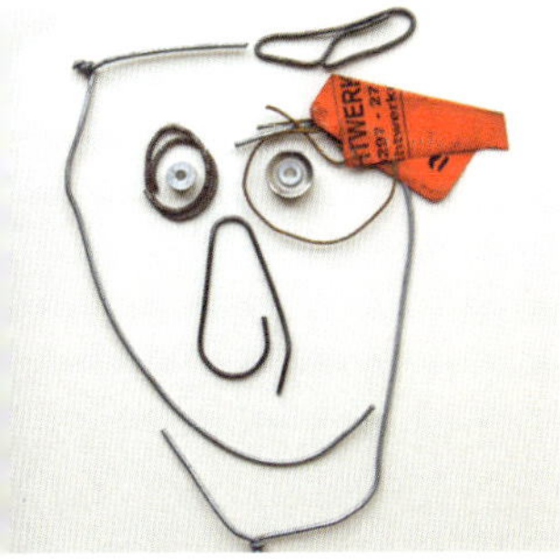
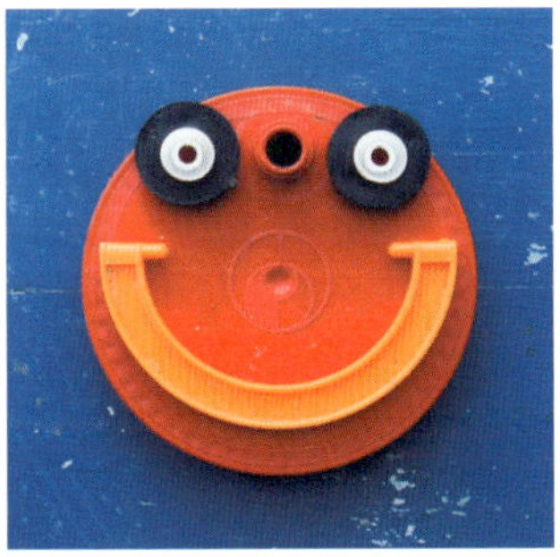
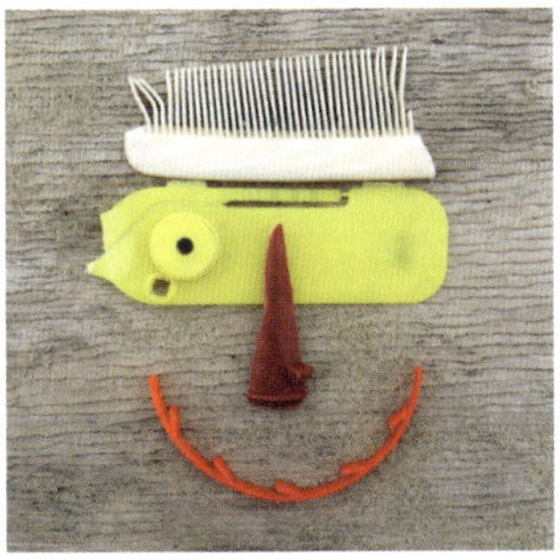
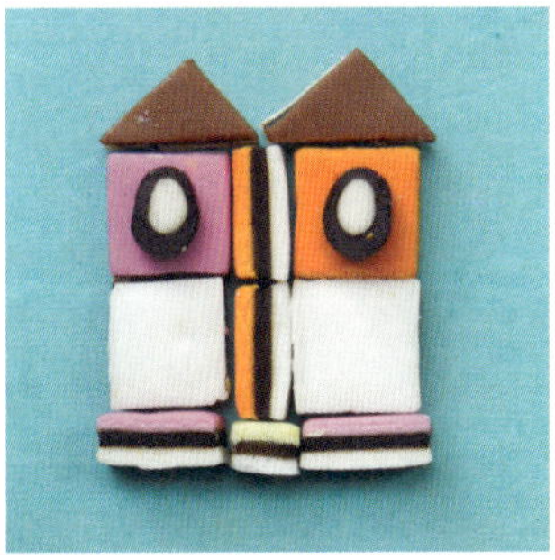
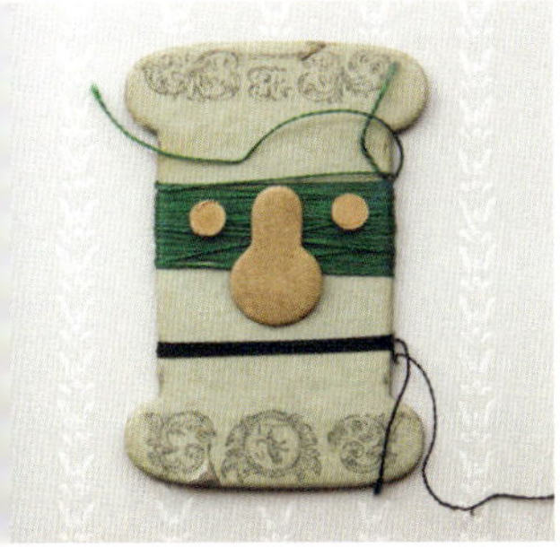
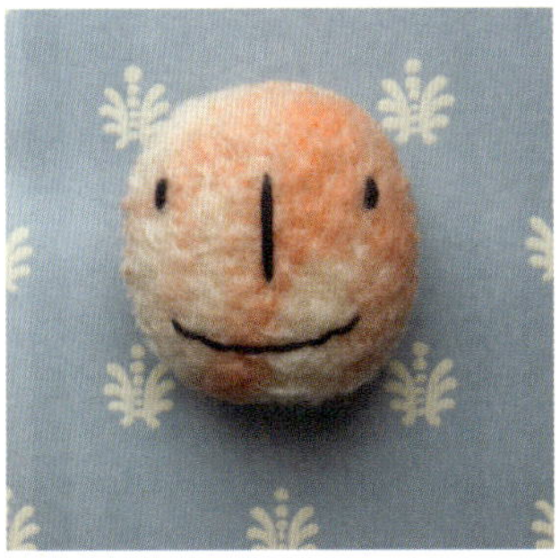
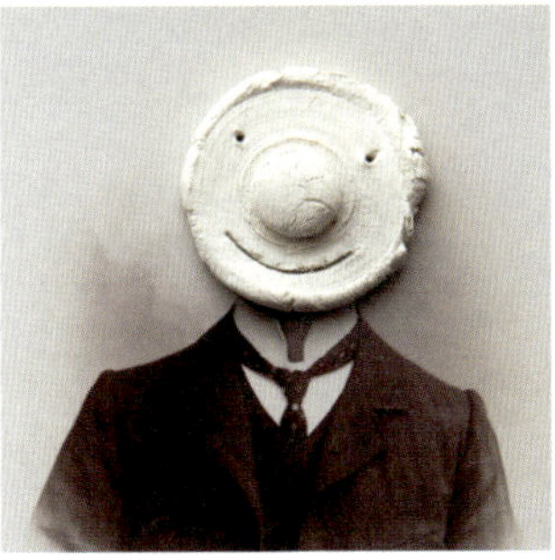
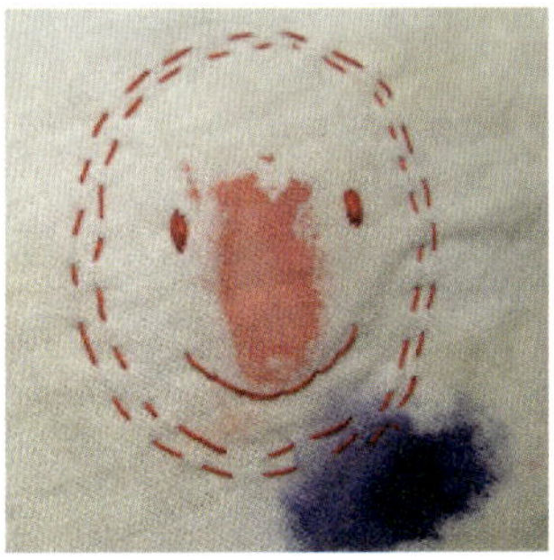
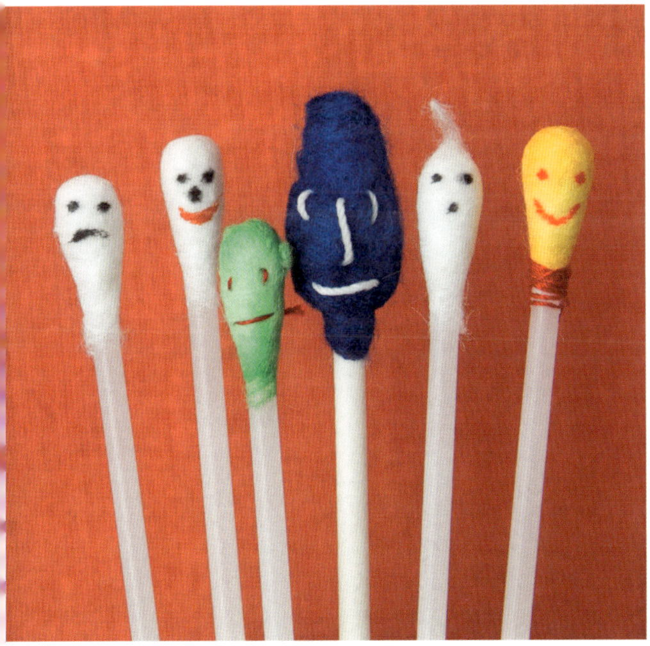

¿Crees que tal vez prolongues el proyecto de las *1001 caras* después de rebasar esa cifra?

No habrá más caras después de la número 1001. Haré algo completamente diferente; dibujos, collages, juguetes… La vida es demasiado corta.

¿Siempre estás al acecho de materiales, o planeas salidas a lugares donde hay mucho que escoger?

En realidad no tengo que ir en busca de materiales. Emergen de manera bastante espontánea. Aunque cuando voy andando por la calle y veo un contenedor, no puedo evitar asomarme a ver qué hay dentro.

¿Hay otros artistas a los que te sientas vinculada o que te inspiren?

¡Ufff, son tantos! Por nombrar solo a dos… Me encantan las ilustraciones de Serge Bloch. Su manera de dibujar es espontánea e impactante. También me gusta el hecho de que en sus dibujos utiliza objetos muy sencillos. Y también soy muy fan de la diseñadora Libuse Niklová. Entre otras cosas, en las décadas de 1960 y 1970 diseñó juguetes hinchables que hoy son verdaderos iconos checoslovacos.

www.anjabrunt.nl

UNA CARA DE BASURA RECICLADA

① Reúne cosas inservibles. Busca en las calles, en tus cajones, coge piezas pequeñas de juguetes, de utensilios de cocina, etc.

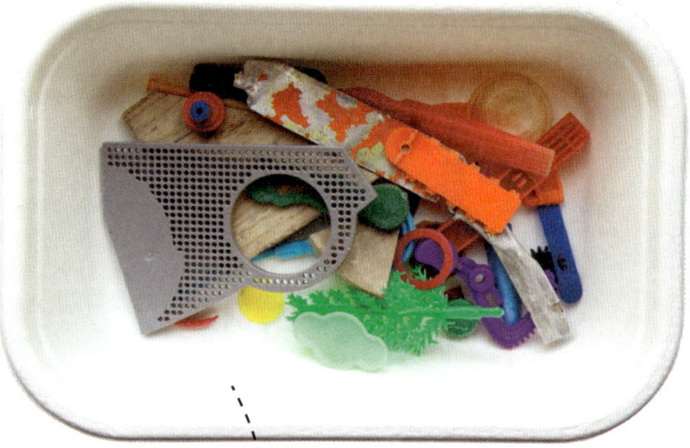

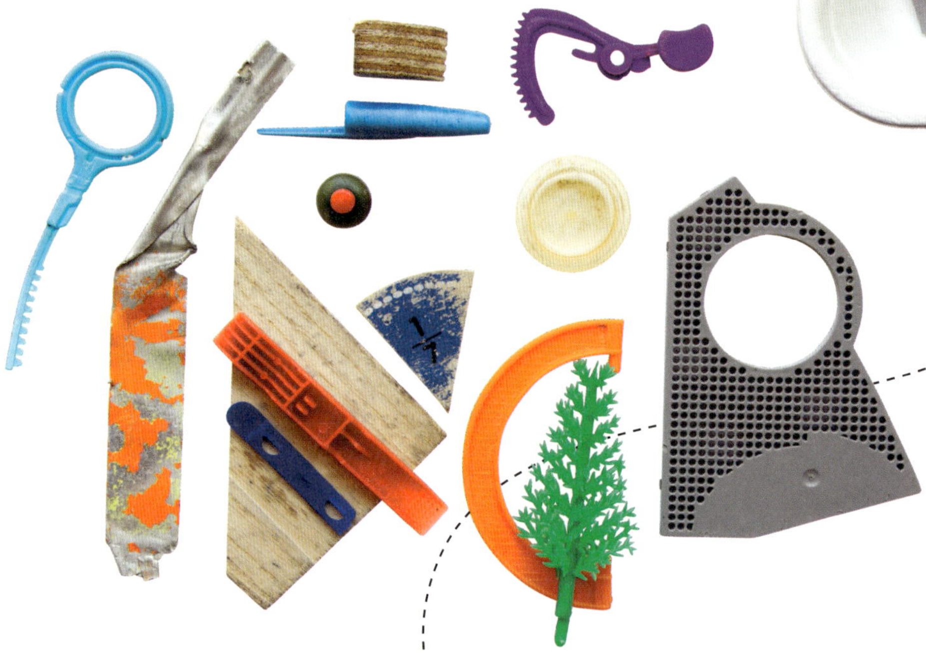

② Ordena el botín, por ejemplo por tipo de material: madera, plástico, hierro. O según la forma que tengan los objetos.

③ Empieza por los elementos de mayor tamaño para conseguir la forma general de la cara.

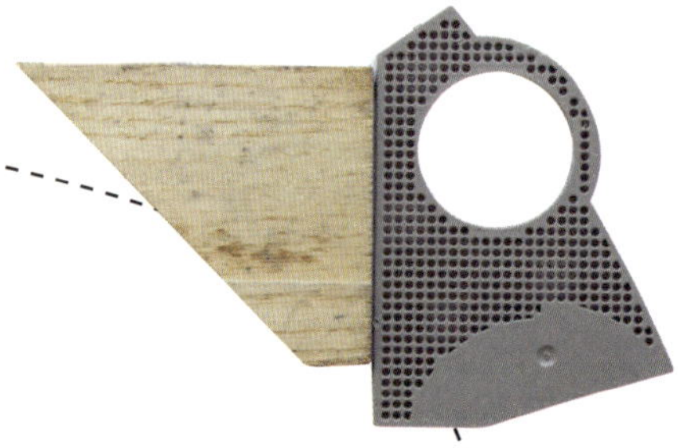

④ Busca las piezas con las que hacer la nariz, la boca, los ojos, etc.

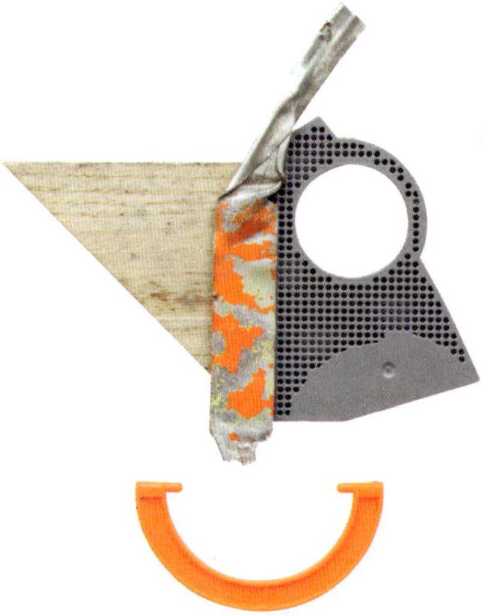

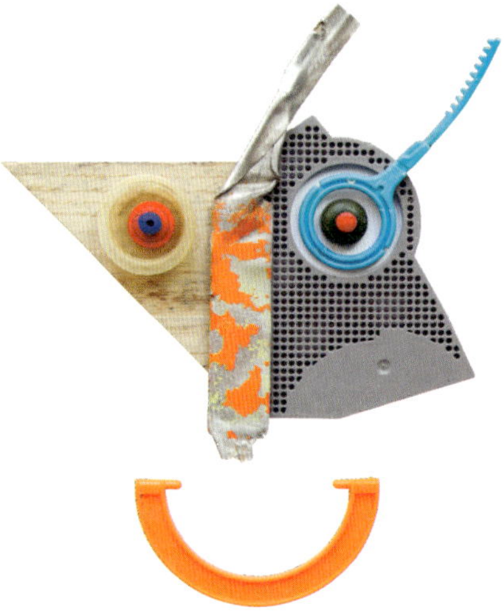

5 ¡Coloca tu cara en un marco antiguo que te guste!

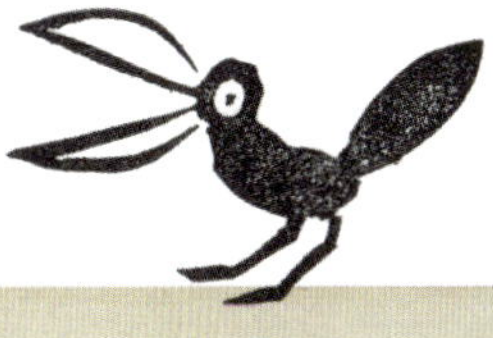

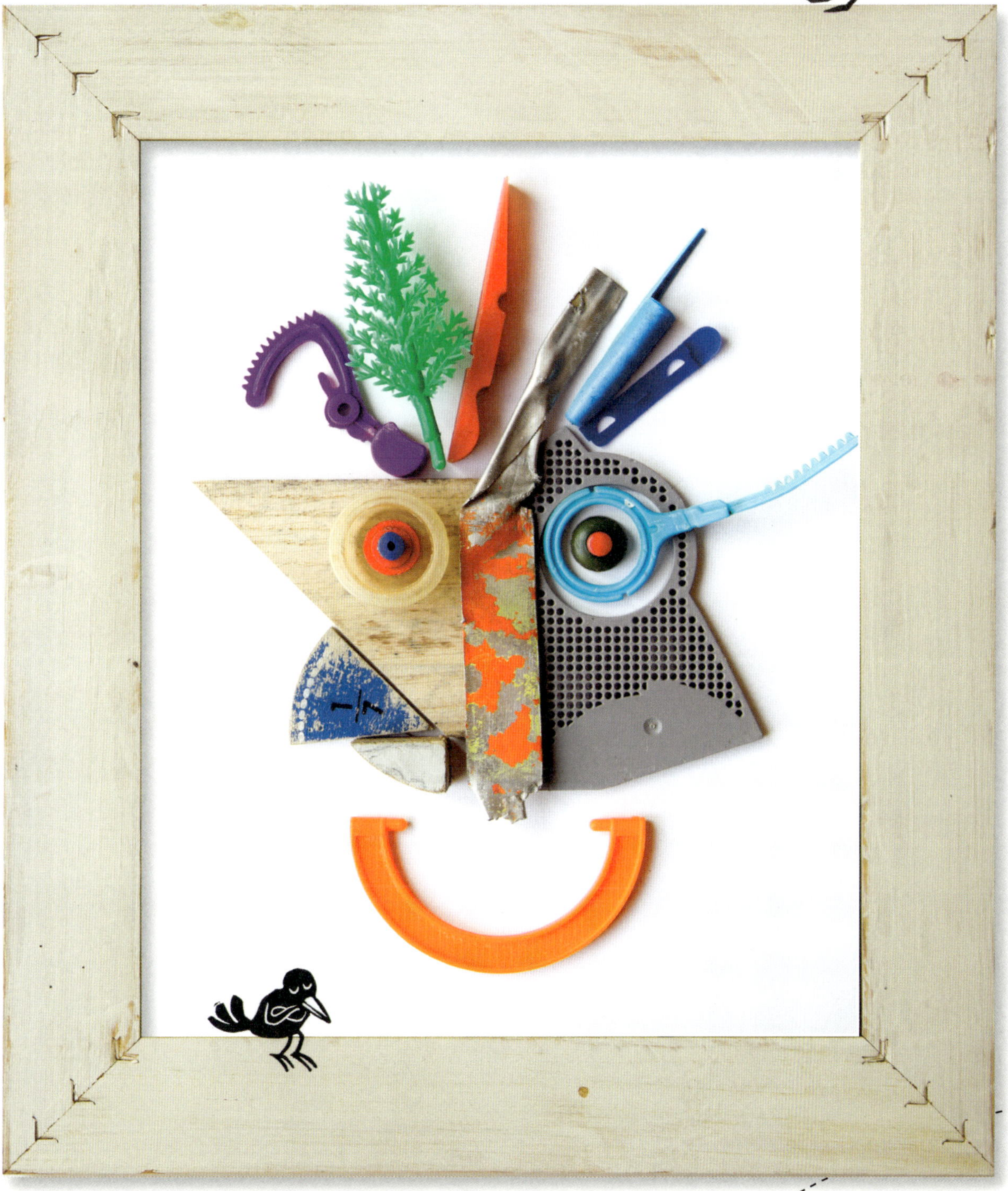

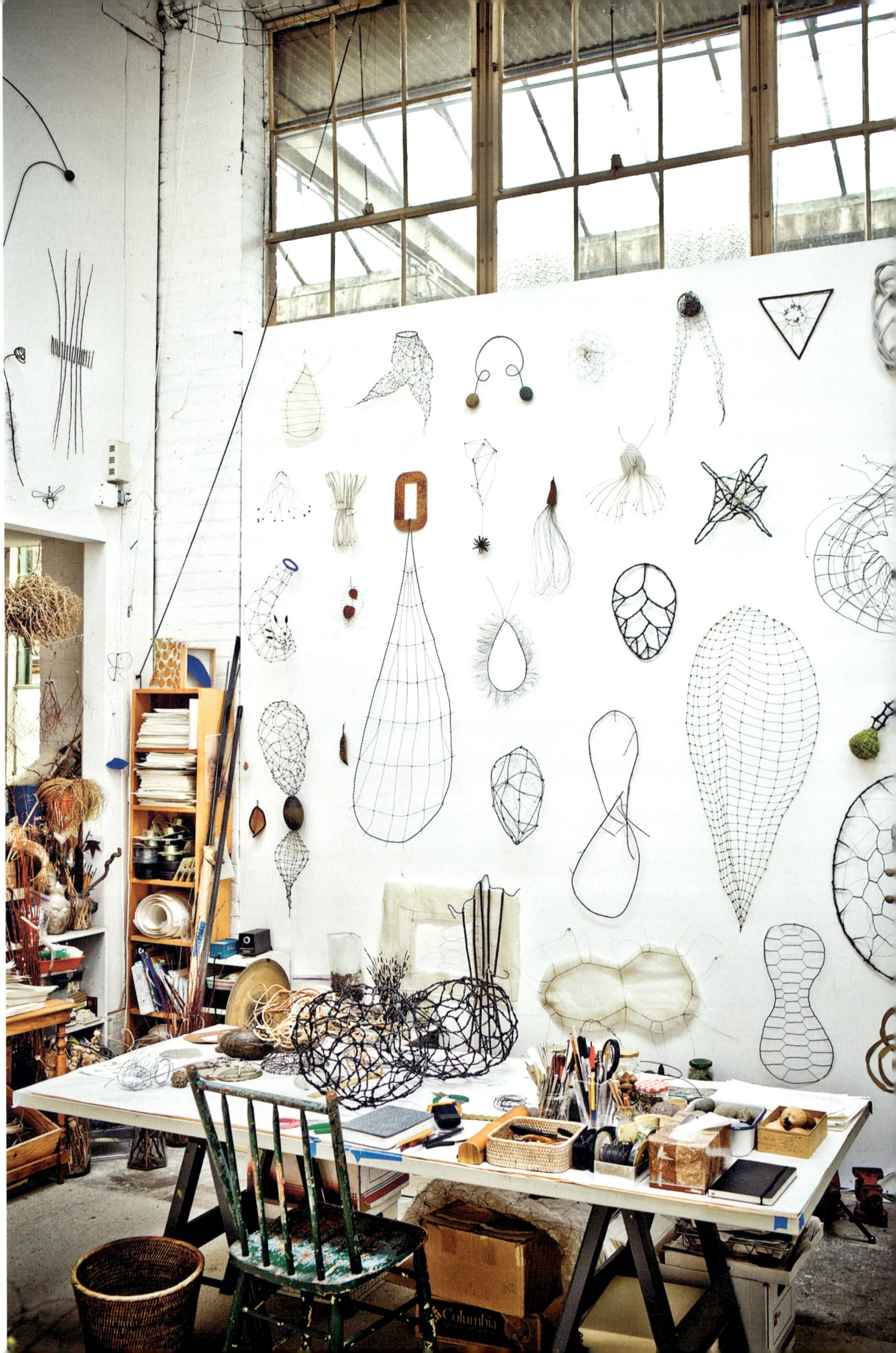
Columbia

MARI ANDREWS ESCULTURAS E INSTALACIONES

Mari Andrews es escultora y creadora de instalaciones artísticas. Esta parte de su trabajo es una prolongación de su obra como dibujante, y en ella emplea materiales tales como el alambre, el plomo, las semillas, las piedras, la mica, la sal, las legumbres o las zarzas. Muchos de estos materiales los ha ido recabando en distintos viajes. Al ir seleccionando los elementos de esta gran colección, va estableciendo relaciones y yuxtaposiciones que espolean su imaginación. Muchas de las esculturas de Andrews son a pequeña escala y expresan mundos íntimos; bien se muestran de manera individual, o bien las expone en conjuntos de muchas piezas. La artista extrae fuerza creativa de su fascinación por el entorno natural, la ciencia y el medioambiente, e incorpora los funcionamientos y la arbitrariedad de la naturaleza en su trabajo.

Andrews obtuvo su licenciatura en Bellas Artes por la Universidad de Dayton, Ohio, donde estudió arte y sociología. Más tarde se trasladó a Los Ángeles, en cuyo Otis Art Institute completó su máster. Consiguió más adelante una beca de la NEA y varias residencias en centros como el Djerassi Resident Artist Program en Woodside, California, o la Cold Press, al norte de Londres. Se recoge obra suya en las colecciones del San Jose Museum of Art, en el Saisset Museum de Santa Clara, en la Eli Broad, y en colecciones privadas e institucionales tanto de Estados Unidos como de otros países.

Mari Andrews ha expuesto su obra en numerosas muestras por California y todo Estados Unidos, en centros como el Museum of Contemporary Art de Los Ángeles, el San Jose Institute of Contemporary Art, el Bolinas Museum, la sala Southern Exposure de San Francisco y el Tucson Museum of Art. Fuera de su país, ha expuesto en Japón, Israel e Inglaterra. Vive y trabaja en Emeryville, California.

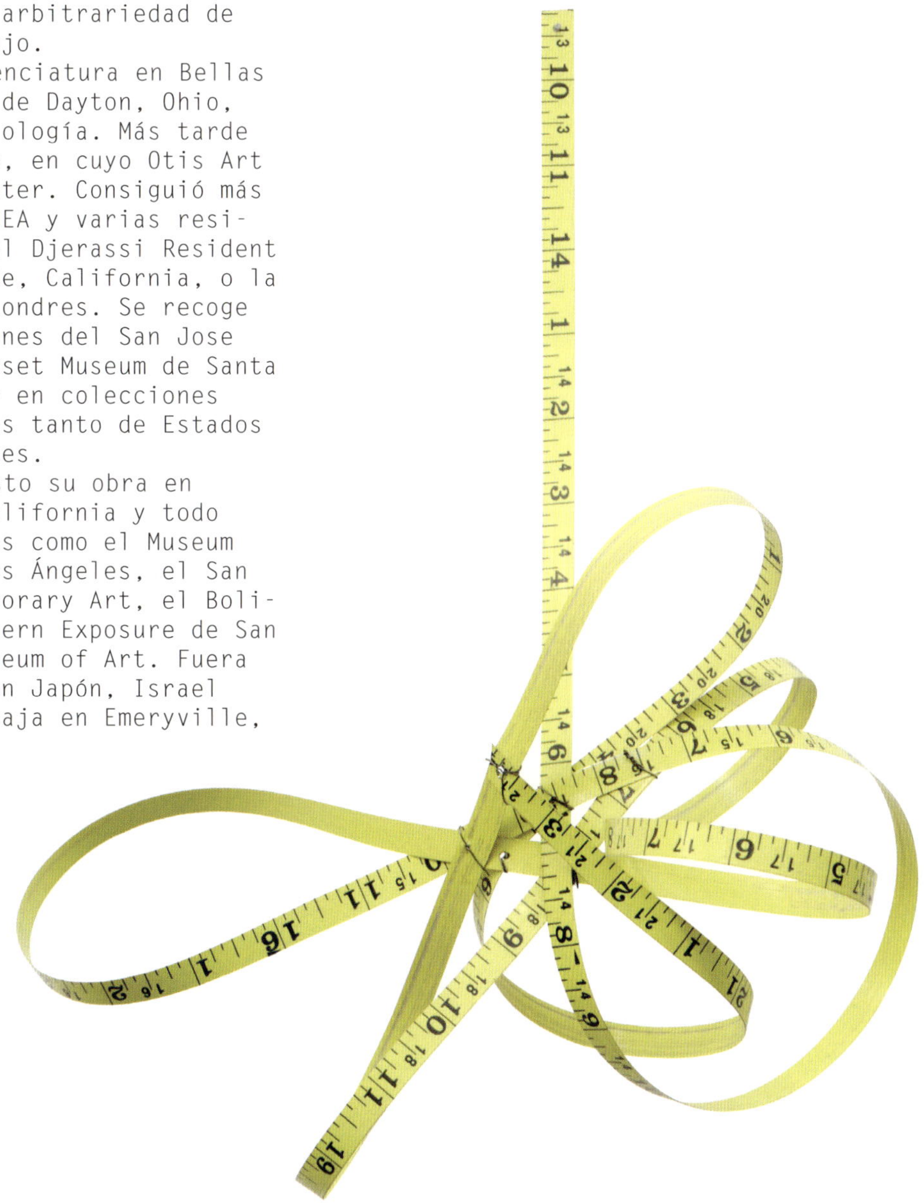

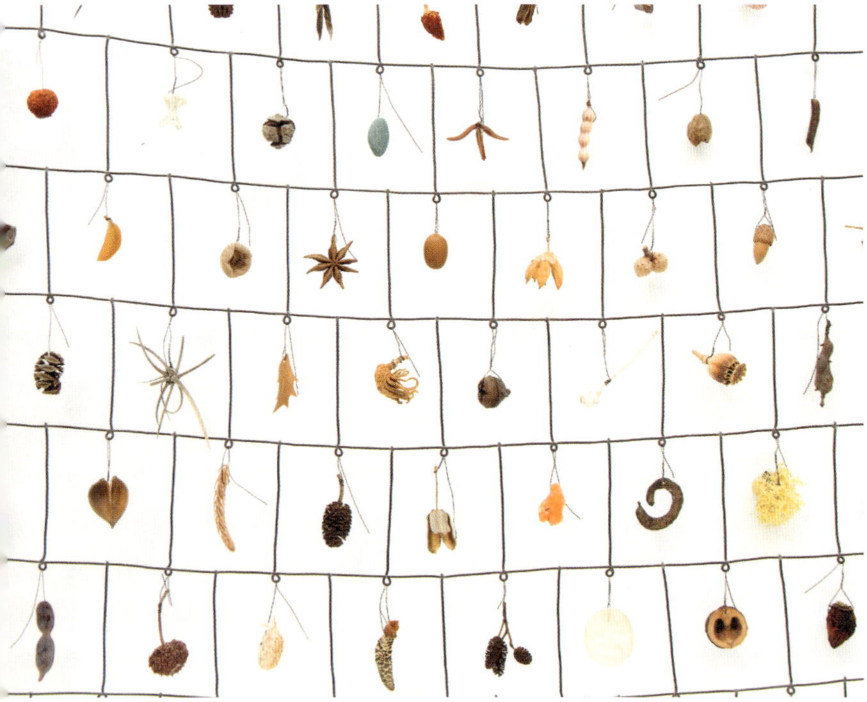

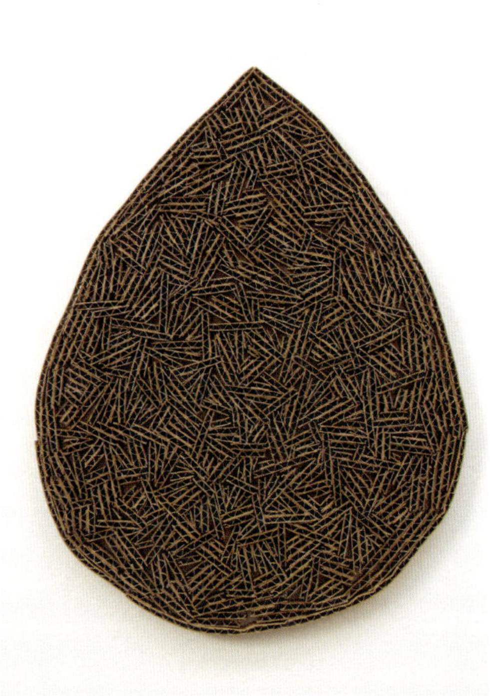

¿Siempre quisiste trabajar con esta clase de materiales encontrados?

En realidad, yo ya llevaba 20 años dibujando sobre papel (nunca antes me había dedicado a la pintura) antes de hacer escultura. Empecé a hacer esculturas solamente con alambre de color negro. A aquellas alturas de mi vida ya había coleccionado muchos elementos naturales (plantas secas, semillas, ramas, fósiles, etc.), pero hubo un momento hace unos 21 años en que decidí combinar esos objetos encontrados con el alambre. ¡Fue todo un momento "eureka"!

Cuando empiezas a trabajar en algo, ¿haces primero un boceto o funcionas de manera intuitiva?

Trabajo con ambos enfoques. A lo mejor empiezo una escultura con una forma determinada en mente y después la cosa suele alzar el vuelo por su cuenta. Otras veces, con alguna escultura que no estoy siendo capaz de resolver, la dibujo para tratar de encontrar la manera más interesante de terminarla. Este paso también me puede brindar ideas nuevas para futuros proyectos. Así que sí, sí que uso el dibujo para generar ideas y luego poder llevarlas a cabo.

¿Planificas tus itinerarios para recabar materiales o te los encuentras por casualidad?

Las dos cosas. Muchas veces he hecho "excursiones recolectoras" por montañas, colinas, desiertos, orillas de ríos y por la costa, pero, francamente, suelo estar muy pendiente de localizar nuevos objetos. Un escritor japonés me llamó "la mujer que nunca levanta la vista mientras anda".

Nos han dicho que de vez en cuando te acoges a programas de residencia. ¿Cómo es esa experiencia? ¿En qué afecta a tu trabajo?

Las residencias artísticas son una forma estupenda de sumergirte de lleno en tu trabajo. Estás lejos de casa y, por lo tanto, estás apartada de tus responsabilidades. Te encuentras en un nuevo entorno, tal vez con gente nueva (algunas residencias son individuales; otras se organizan junto con otros participantes). Yo siempre procuro trabajar con materiales locales que me encuentro en el transcurso de la residencia, en el centro en cuestión o por los alrededores, para que las esculturas participen del entorno. Normalmente lo único que llevo conmigo es alambre, hilo, pegamento, papel, herramientas para trabajar el alambre y material de dibujo. El hecho de poder trabajar durante largas horas hace que el trabajo fluya mucho mejor. Para mí las residencias siempre han sido muy productivas. Muchas veces generan las "semillas" de muchos trabajos posteriores, que puedo tardar en desarrollar todo un año o incluso más.

www.mariandrews.com

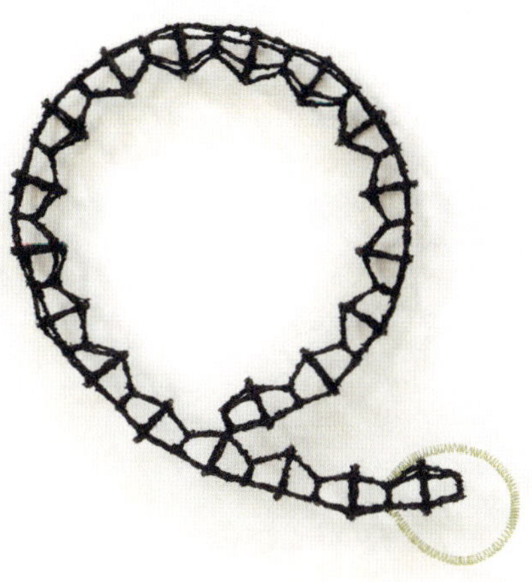
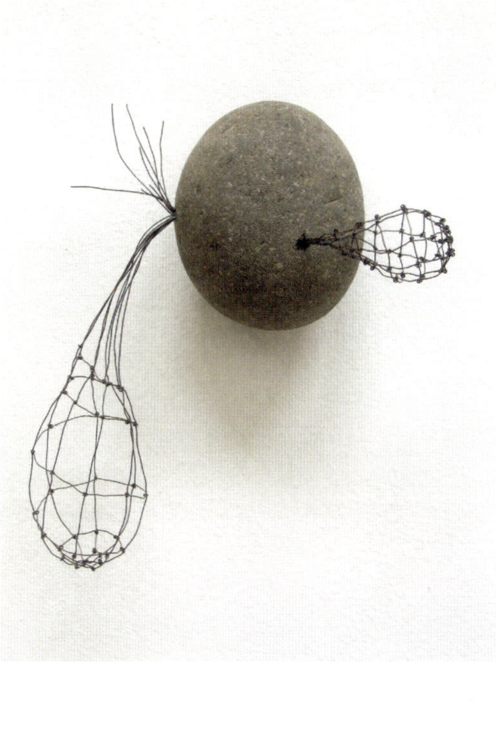
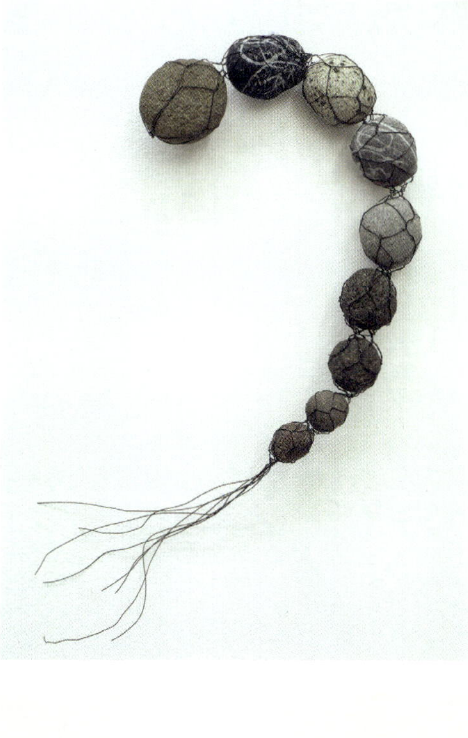
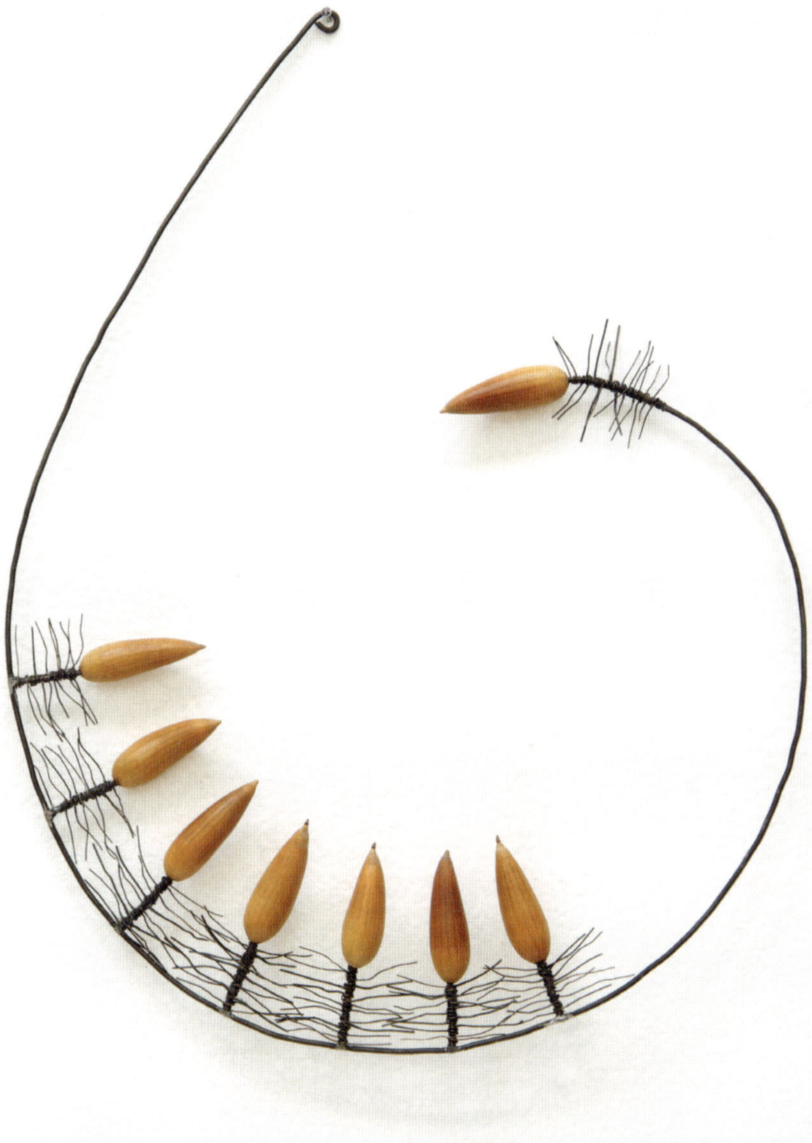
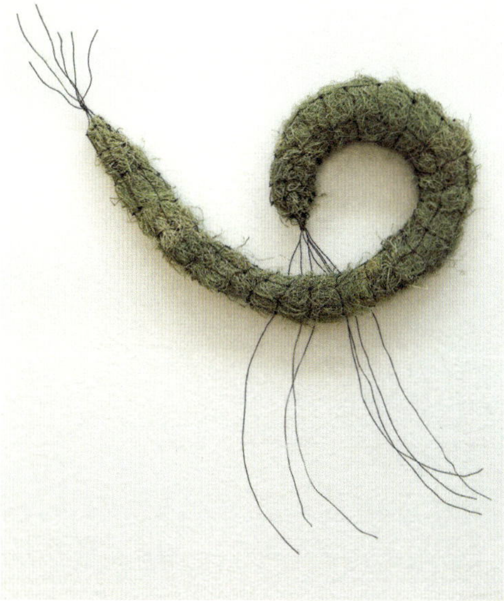
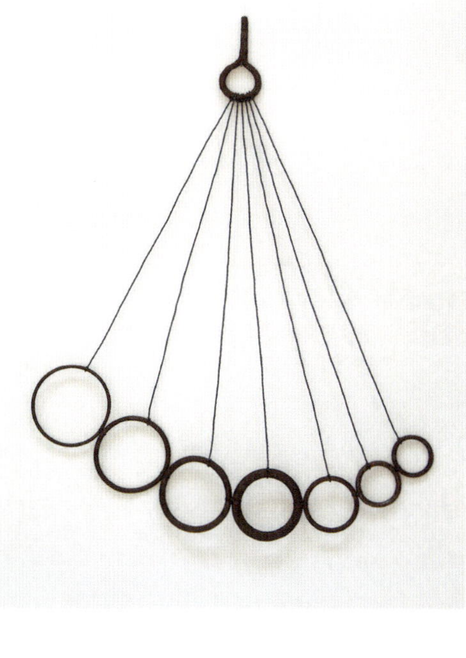

MÓVILES NATURALES

¡Una manera fantástica de mostrar tus tesoros hallados en la naturaleza!

1. Lo que necesitas:
   - alambre (de cobre)
   - una pieza redonda de alambre más duro
   - tenazas
   - elementos como hojas secas, semillas o flores, conchas, piedras, plumas

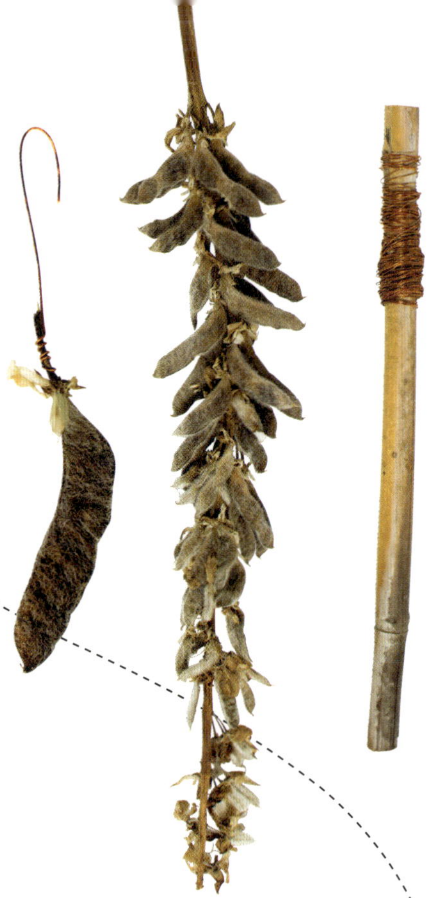

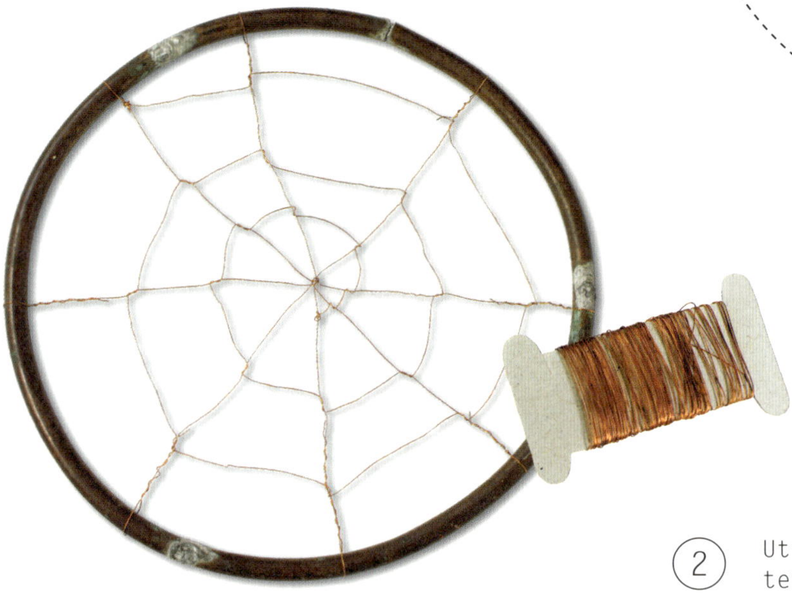

2. Utiliza el alambre de cobre y las tenazas para crear una estructura parecida a una tela de araña (o a cualquier forma que se te ocurra), y dale forma en el interior del círculo de alambre más grueso.

3. Fija tres trozos del alambre de cobre y cuelga el móvil.

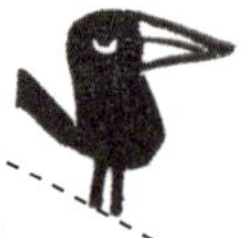

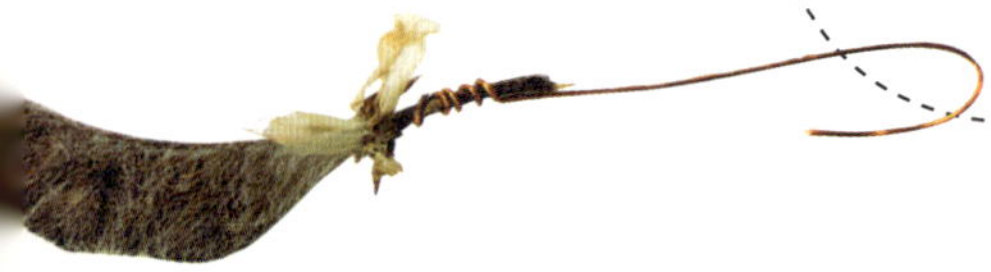

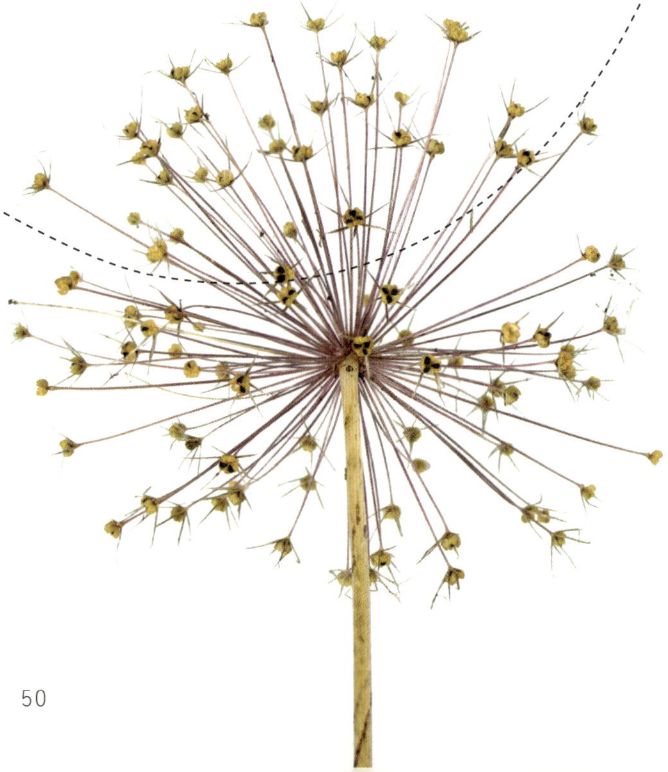

4. Selecciona las cosas con las que te gustaría decorar tu móvil natural. Con las tenazas, ata cada elemento a la estructura con el alambre y dobla el extremo del alambre hasta formar un gancho.

5 ¡Empieza a decorarlo!

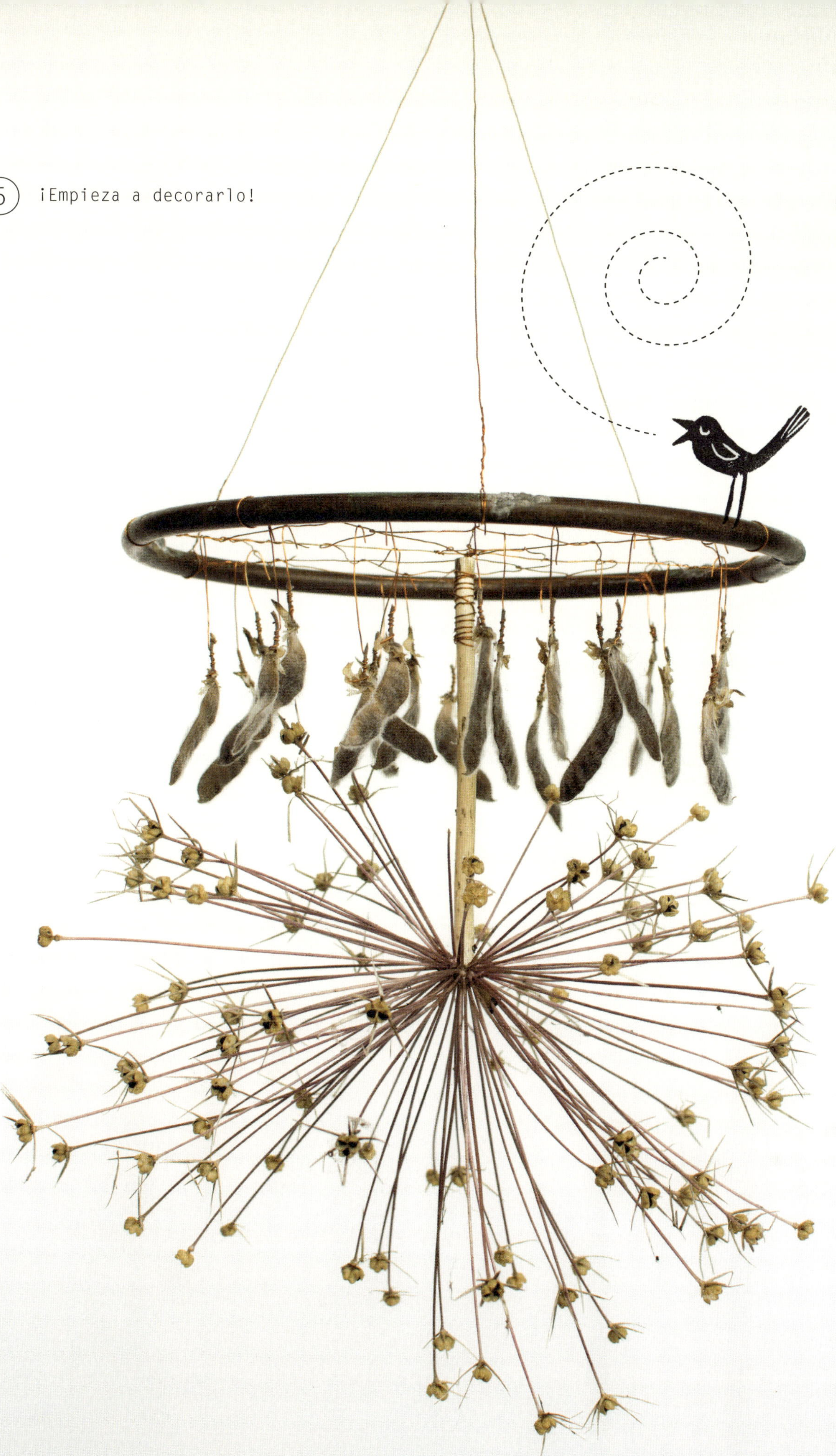

GERARD COLLAS ENSAMBLAJES

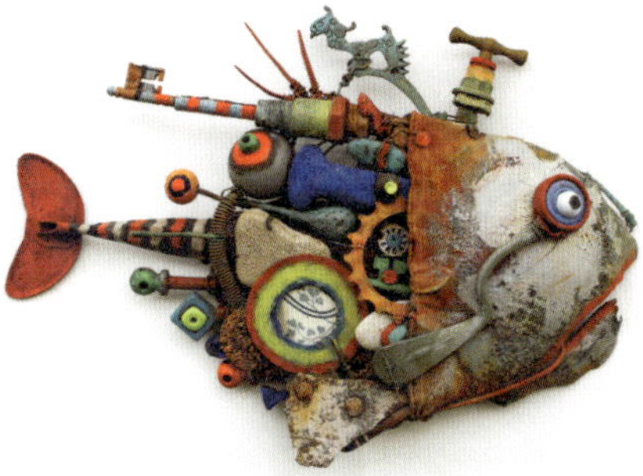

Nacido en París, Gerard practica el dibujo desde la infancia. Primero estudió artes aplicadas al comercio y diseño artístico, más adelante Bellas Artes en París. Después dedicó un período a la investigación: dibujo, pintura, publicidad, animación y diseño de escenarios. En 1990 descubrió la región de Lot, en el norte de Francia. El germen de su trabajo posterior se encuentra en la diversidad geológica de aquella zona. Gerard cayó cautivado por ese extraño paisaje donde las nubes parecen hablarles a las piedras. Fue allí donde encontró un posible camino de expresión. En 1994 presentó sus primeras esculturas.

En la actualidad, durante el verano, Gerard vende sus obras directamente en su estudio/tienda de Le Prieuré de Carennac. No es que se oponga al sistema de la red de galerías, pero le tiene mucho apego a su independencia. El resto del año lo pasa trabajando, recluido en su estudio, y de vez en cuando imparte talleres. Sus primeros *ensamblajes* vieron la luz en 2005. Estas piezas obedecen las pautas de la naturaleza y se inspiran en las líneas, los tonos, la gravedad, la masa y la fuerza de los materiales erosionados.

gerardcollas.hautetfort.com

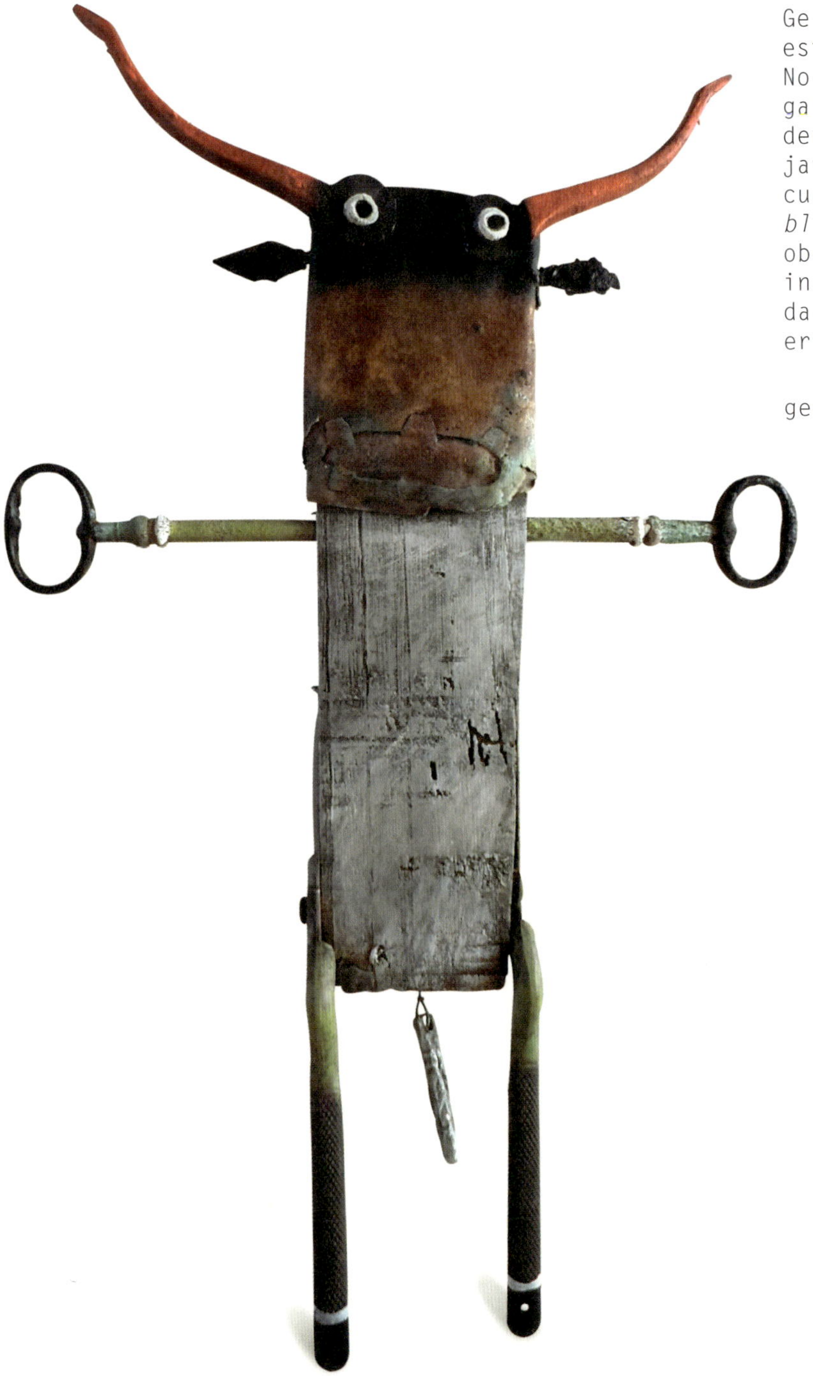

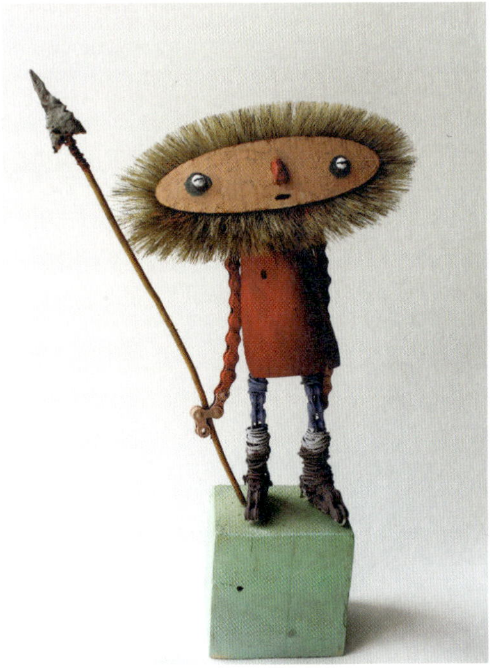

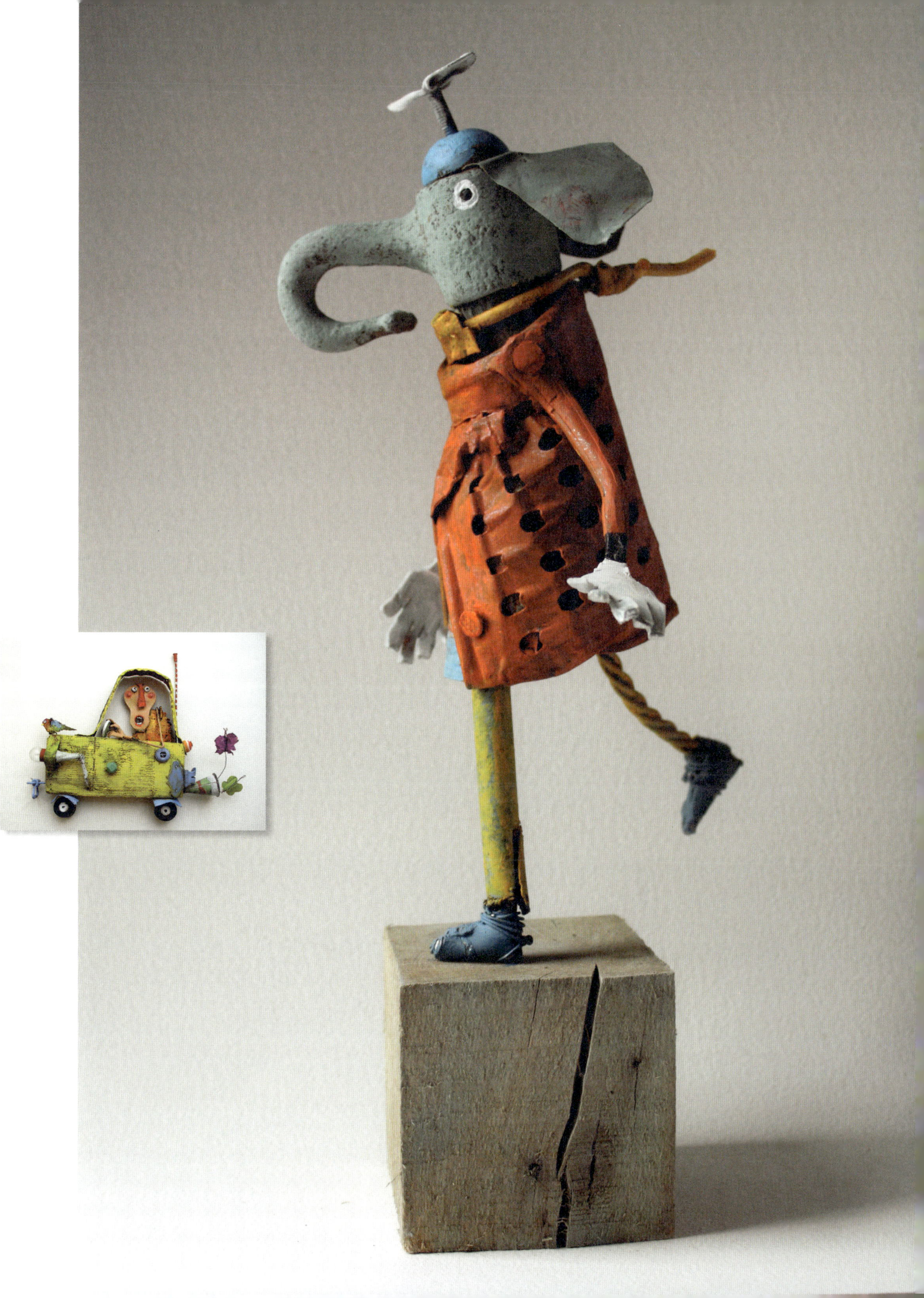

MARIONETAS DE RETAZOS DE MADERA

(1) Reúne trozos pequeños de madera sobrante, ramitas y algunos clavos y tornillos.

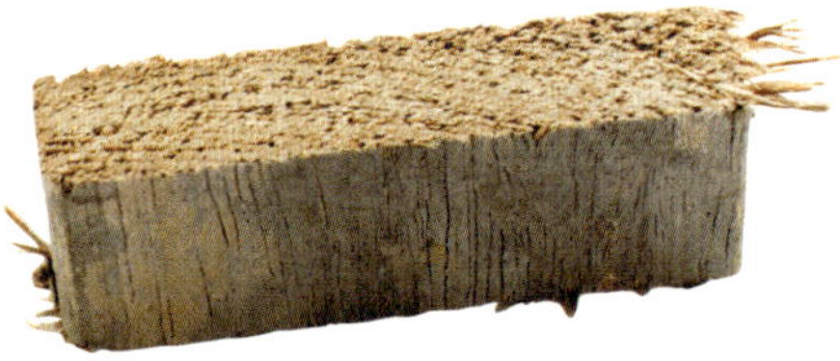

(2) Prueba con distintas combinaciones y elige la mejor para tu marioneta de madera (o, mejor aún, ¡haz varias!).

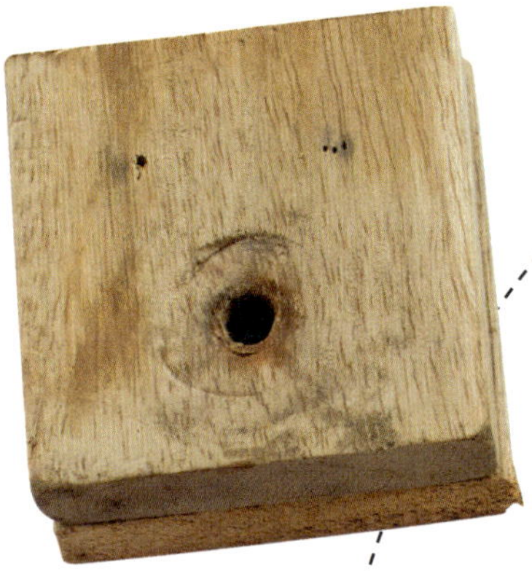

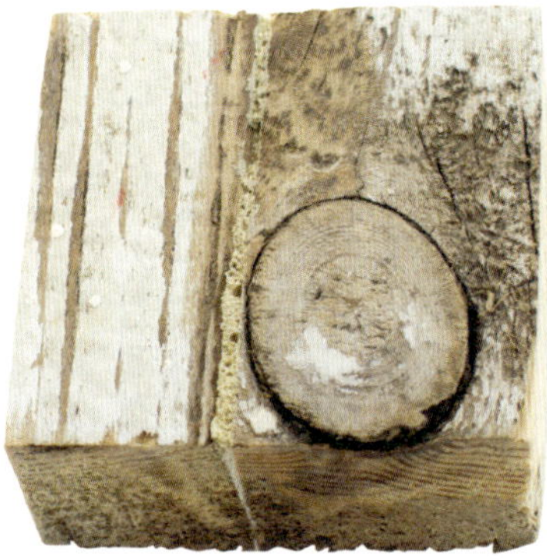

(3) Utiliza pegamento para madera, o clavos y tornillos, para juntar las piezas.

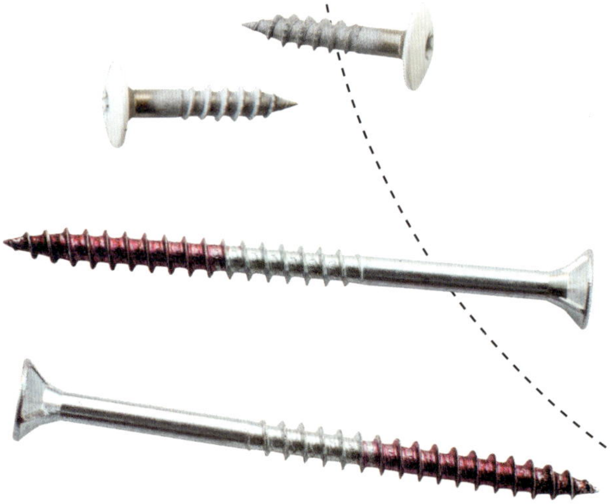

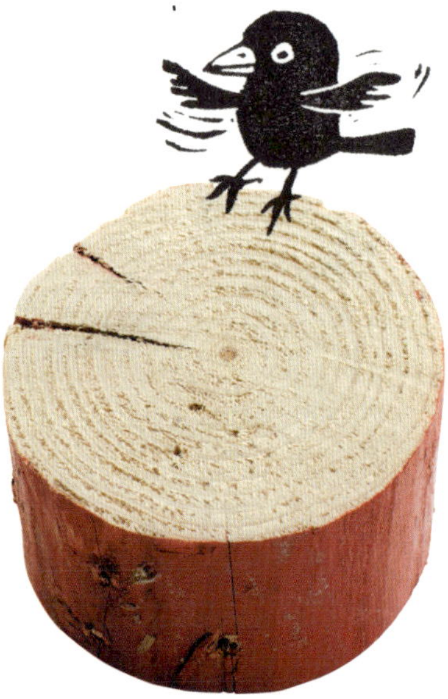

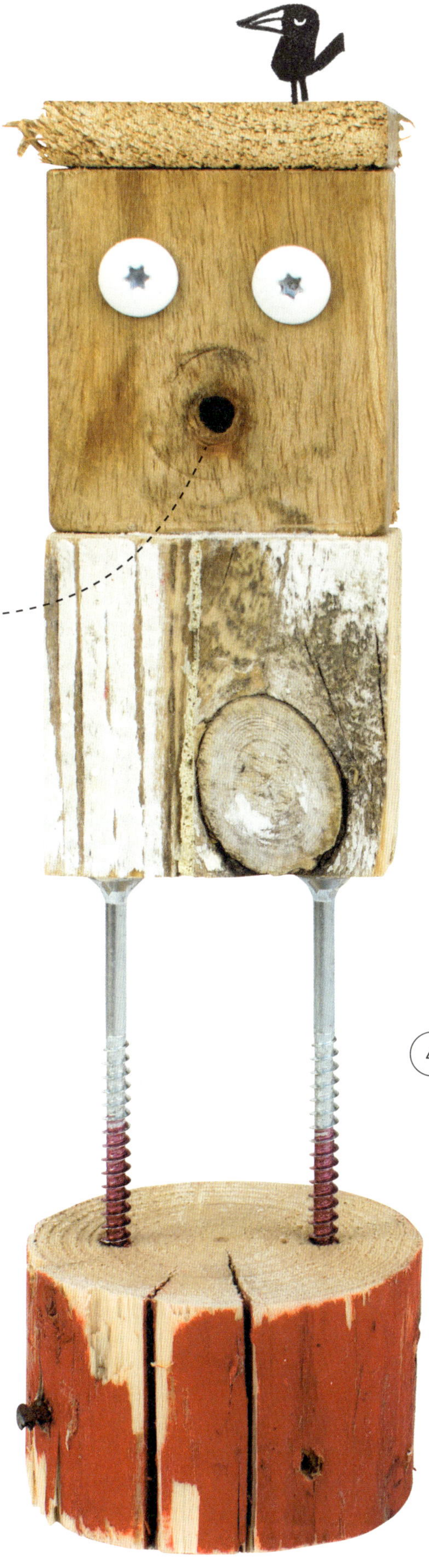

4) También puedes usar los tornillos o los clavos a modo de piernas, brazos o cabellos. Por supuesto, ¡no dejes de dar rienda suelta a tu imaginación!

SEVERIJA INČIRAUSKAITĖ-KRIAUNEVIČIENĖ
PUNTO DE CRUZ SOBRE OBJETOS METÁLICOS

Severija Inčirauskaitė-Kriaunevičienė es una de las artistas jóvenes más originales de Lituania, así como una de las creadoras más aclamadas en el ámbito artístico textil. Severija recibe con frecuencia invitaciones para participar en importantes exposiciones internacionales, tanto en Lituania como en otros países. Dirige con éxito la galería textil Artifex de la Academia de Artes de Vilna (Vilnius Academy of Arts, VAA), en cuyo departamento de textiles también imparte clases.

En sus primeras obras destacaba el uso del material por el que se la conocía en aquella época: las plumas, con las que confeccionaba objetos que en la vida cotidiana se asocian a un mundo masculino y rudo. Más adelante descubrió otra técnica expresiva que le ha ocupado el pensamiento, el trabajo diario y la actividad expositiva durante mucho tiempo: el bordado en punto de cruz. En lugar de usar telas como soporte, Severija opta por bordar sobre objetos metálicos o de algún material similar al metal. De esta manera, al añadirles adornos en punto de cruz, transforma los objetos metálicos que se encuentra en obras de arte.

Cuando se aplica un bordado a un cubo, a un cazo o a la puerta de un coche, ese tipo de ornamentación serializada y algo *kitsch* transforma esos objetos, paradójicamente, en piezas únicas de artesanía. Al difuminar la frontera entre el *kitsch* cotidiano y el arte elevado, la artista reflexiona con ironía sobre la búsqueda universal de la belleza y lo acogedor, así como sobre las aproximaciones demasiado sesudas al mundo del arte. En el ambiente artístico lituano se sigue teniendo al *kitsch* por la máxima expresión del mal, por eso muy pocos creadores se atreven a incorporar elementos *kitsch* a sus trabajos. Sin embargo, Severija hace justo lo contrario. Lo *kitsch*, lo irónico, el metal y el bordado: esa improbable combinación de elementos caracteriza una etapa especialmente productiva en la carrera de la artista.

(Texto por cortesía de la doctora Jurgita Ludavičienė.)

www.severiga.lt

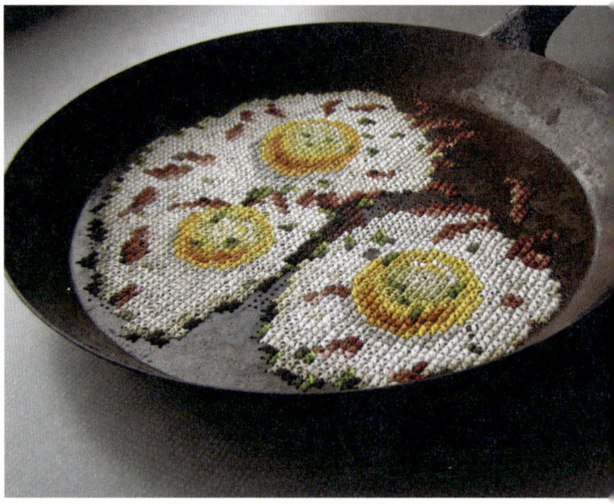

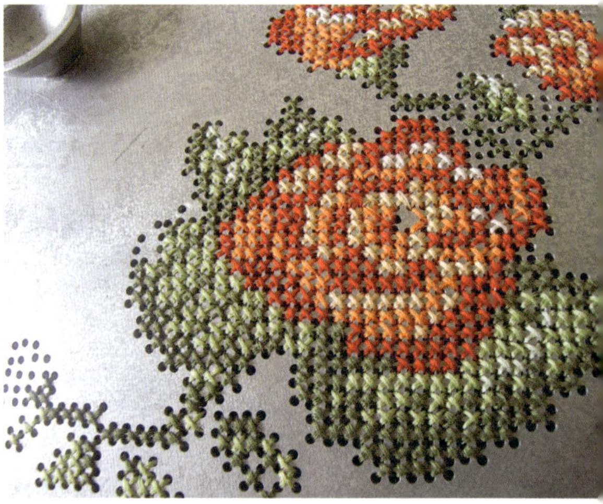

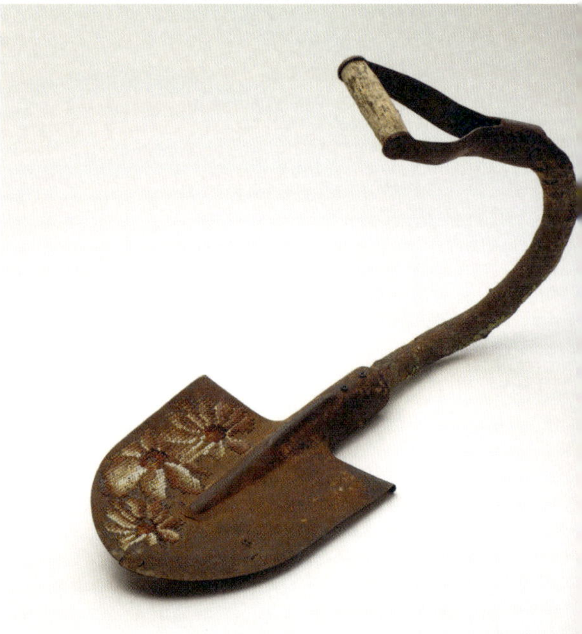

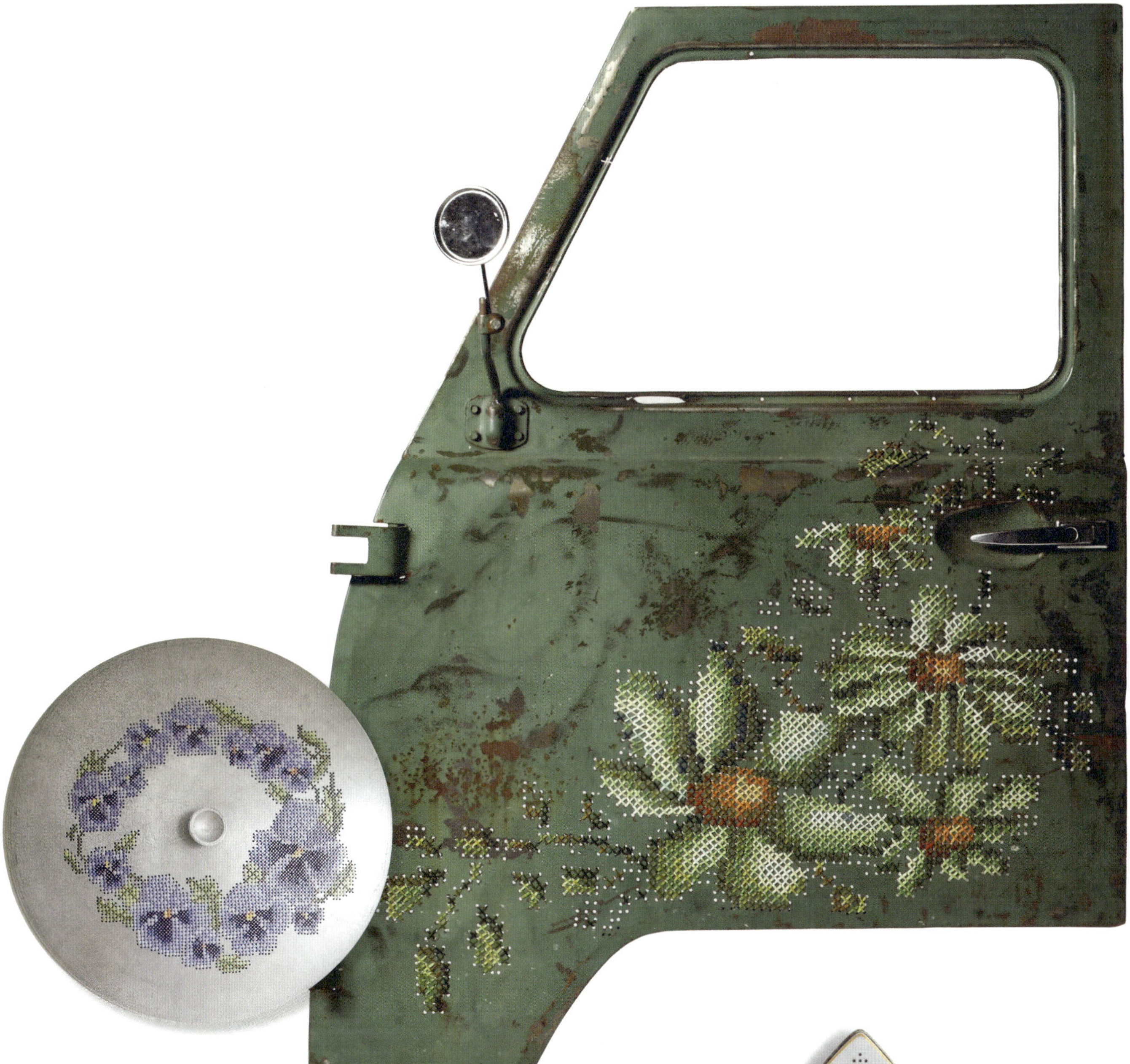

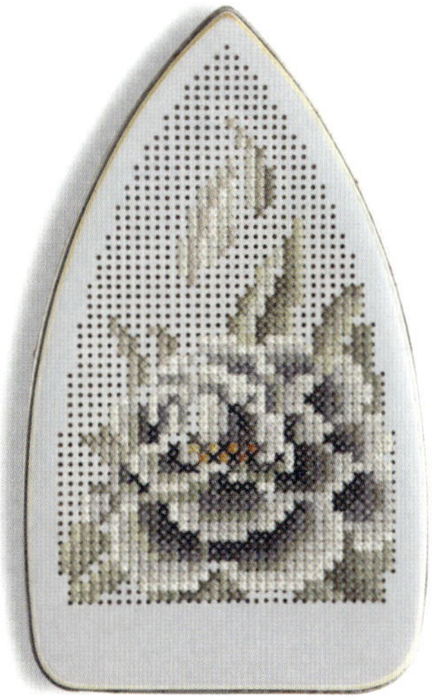

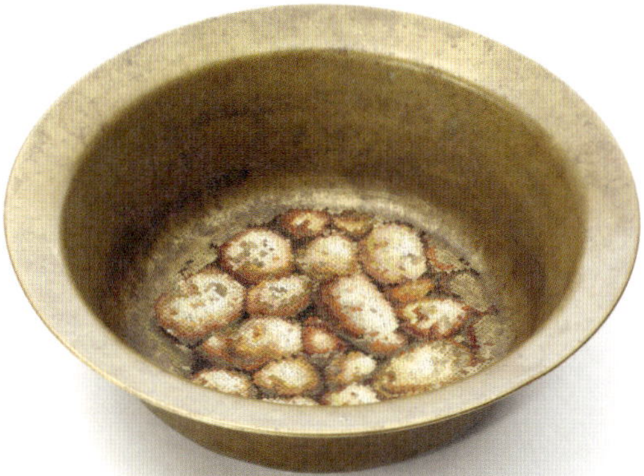

PUNTO DE CRUZ SOBRE PLATOS DE PAPEL

1. Compra unos platos de papel o coge unas tazas de usar y tirar de una cafetería. También queda muy bien usar una caja de madera de queso Camembert. Hazte también con una aguja gruesa y dura, y con hilos para bordar.

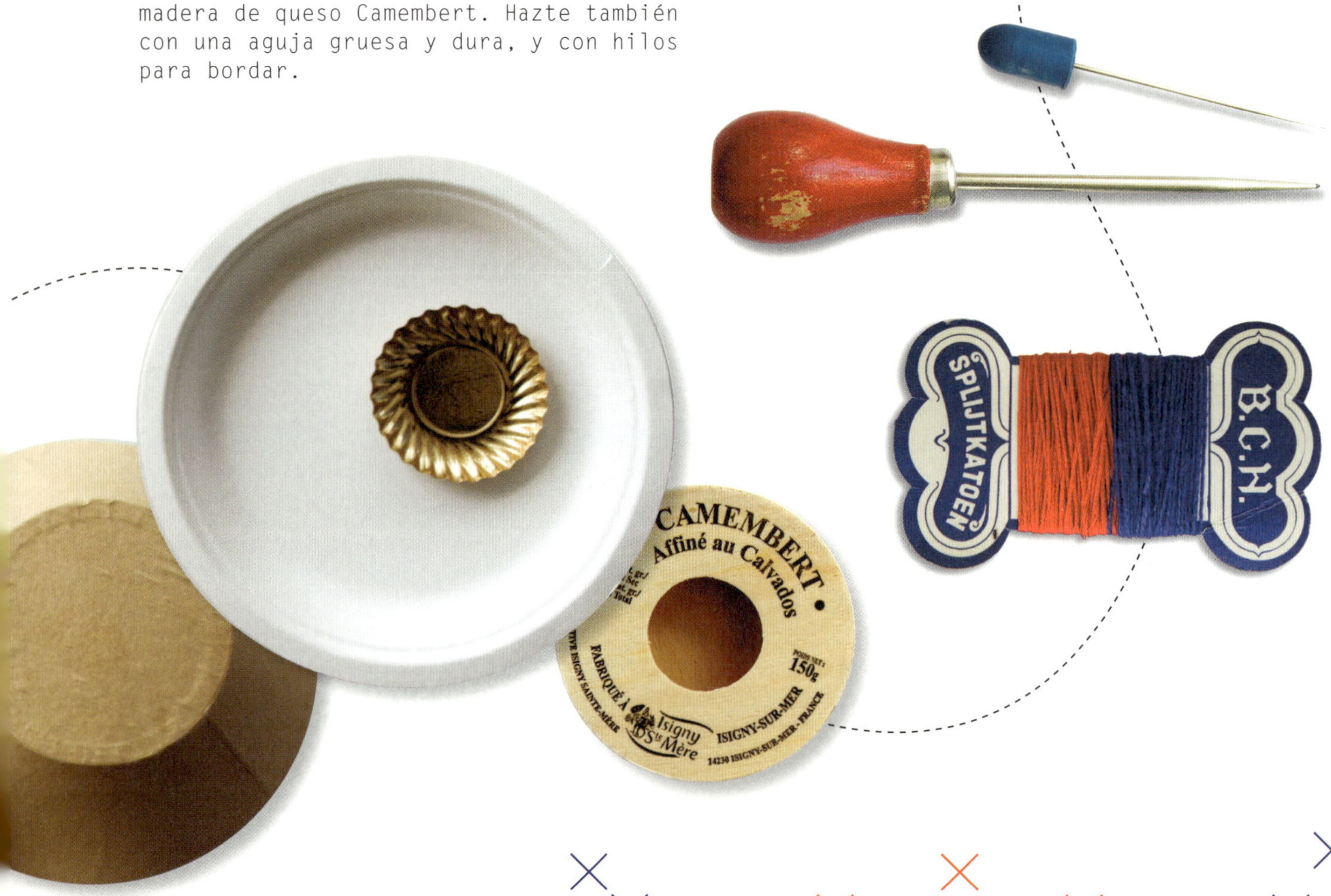

2. Copia este patrón rojo y azul al tamaño que necesites en la superficie que hayas escogido, o bien crea tu propio diseño en papel cuadriculado.

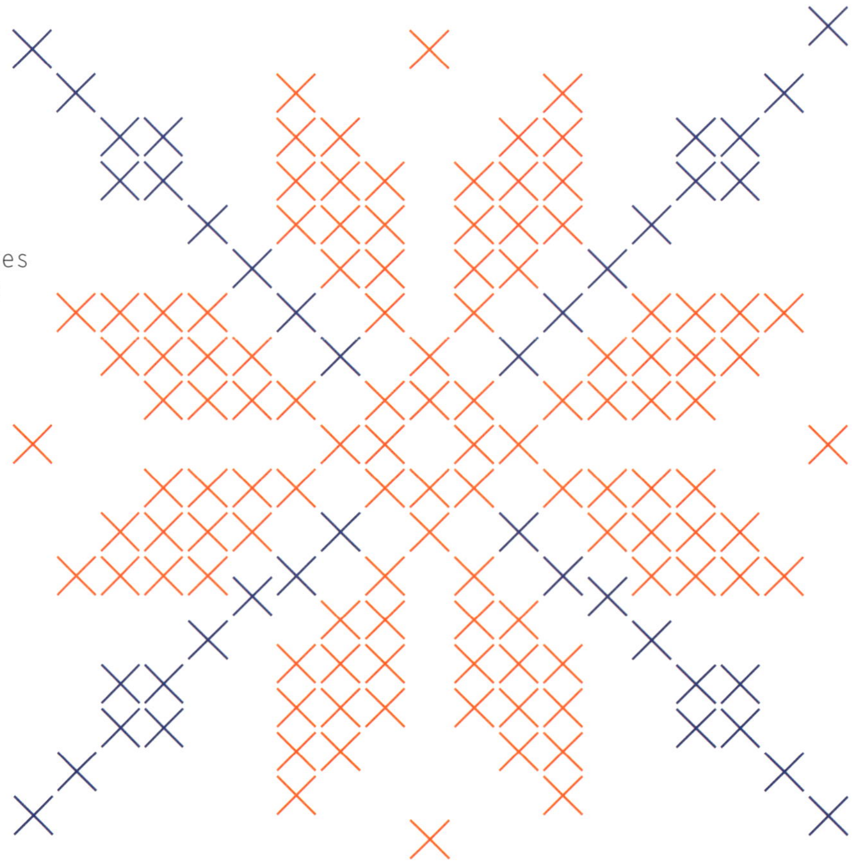

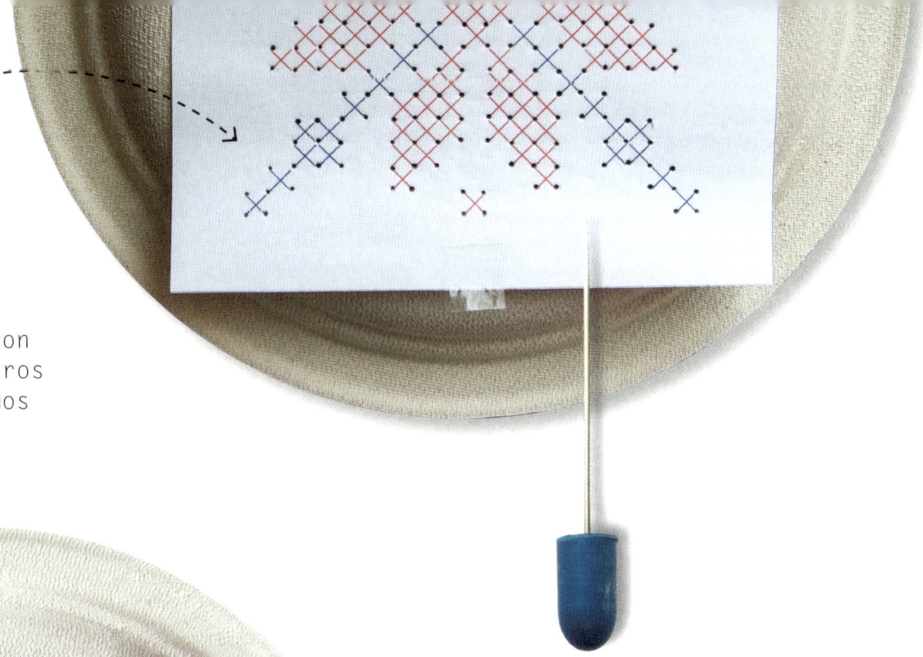

3 Fija el patrón al plato con cinta adhesiva. Haz agujeros en cada uno de los extremos de las cruces.

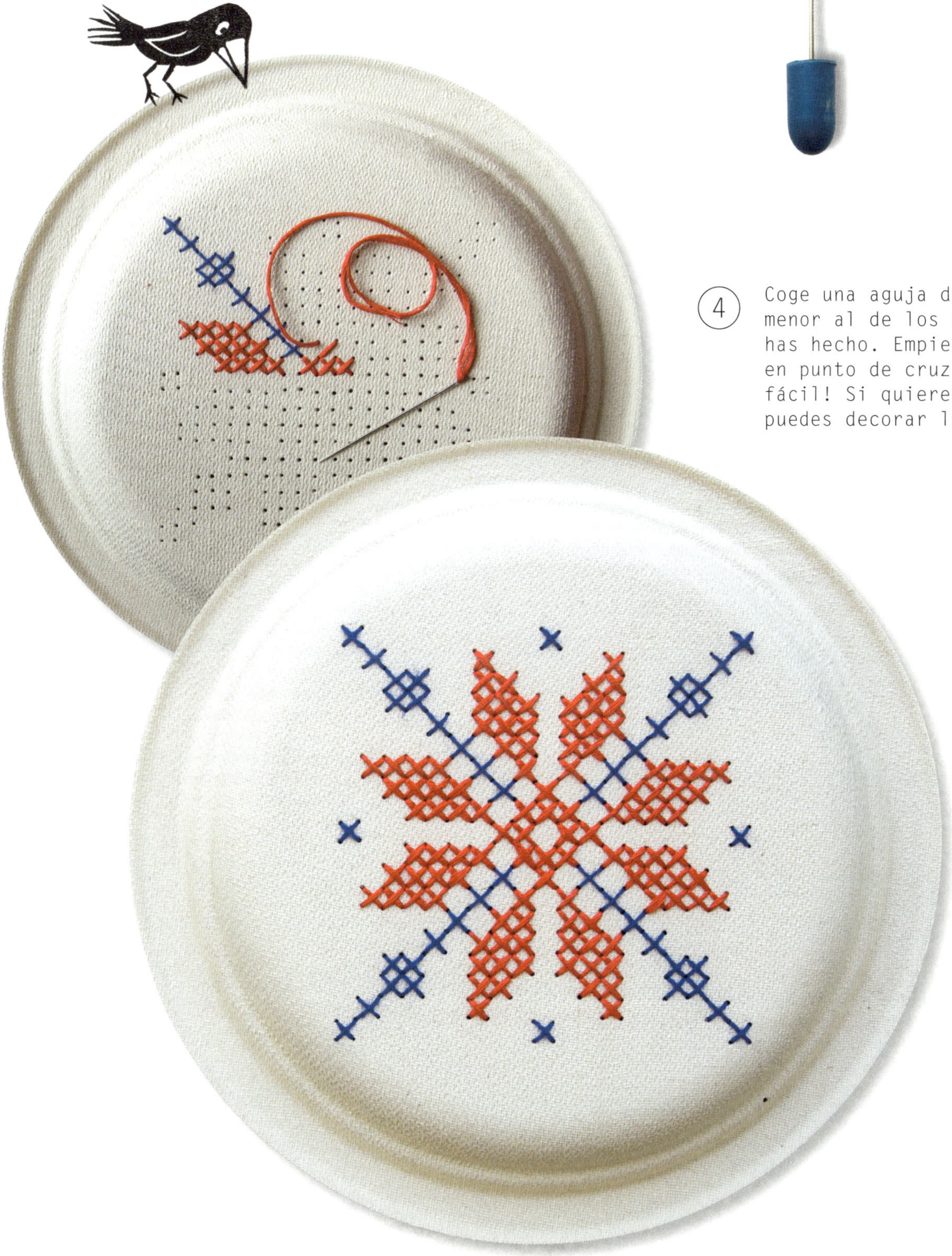

4 Coge una aguja de un grosor menor al de los agujeros que has hecho. Empieza a bordar en punto de cruz. ¡Es muy fácil! Si quieres, también puedes decorar los bordes.

MARC SPARFEL ESCULTURAS A PARTIR DE MUEBLES ABANDONADOS

Marc Sparfel nació en 1972 en la Bretaña, en el noroeste de Francia. Pasó su niñez en el campo, rodeado de naturaleza y de animales, y de niño le fascinaron especialmente los caballos y las vacas. Cuando acabó el instituto, Marc estudió Comercio en Tours. Más tarde completó su prestación social trabajando como técnico en un teatro de marionetas de Orleans, al sur de París.

A los 25 años comenzó a estudiar Comunicación Audiovisual en la escuela de Bellas Artes, centrándose fundamentalmente en la fotografía, el dibujo, el grabado y la historia del arte, pero abandonó los estudios en el tercer curso. En 1999 se trasladó a la ciudad de Barcelona, donde sigue residiendo. Esta ciudad enseguida le intrigó por la enorme cantidad de muebles que la gente abandona en la calle. Poco a poco fue incorporando estos materiales a sus esculturas: primero, en una larga serie de máscaras, y más tarde en sus representaciones de animales y fósiles. En la actualidad su trabajo se suele exponer en España, Francia, Alemania, Estados Unidos y el Reino Unido.

Bosque urbano

Son muebles abandonados desprovistos de toda utilidad, o que la gente simplemente ya no quiere. El ciclo es imparable; las formas pasan de moda en estos tiempos del triunfo del diseño sueco... Sillas, cómodas y sombrereros: todo un bosque urbano que crece en el asfalto, trepa por las farolas, repta por paredes e invade las calles… Este es mi bosque, el hábitat natural por el que me paseo con deleite, siempre al acecho de las sorpresas que pueda traerme la nueva cosecha, en la que me encargo de seleccionar las mejores piezas, elijo las maderas y agarro mi botín tal como arrancaría la fruta de los árboles.

Una vez en mi taller, mi santuario, mi laboratorio, comienzo el proceso de transformación, a veces lento y sacrificado, otras veces no tanto, pero siempre intuitivo, siempre en busca de cierta elegancia, algo poético a partir de la madera.

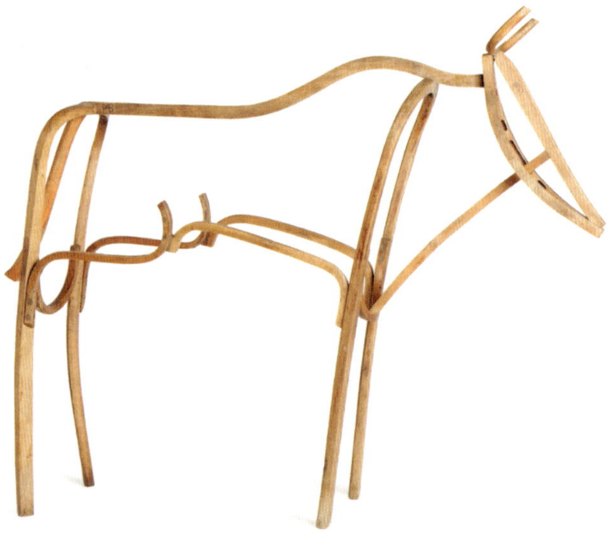

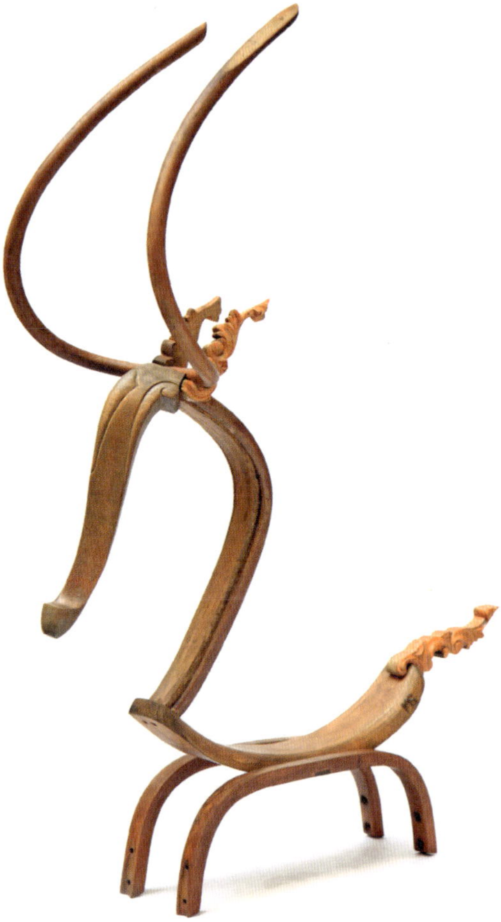

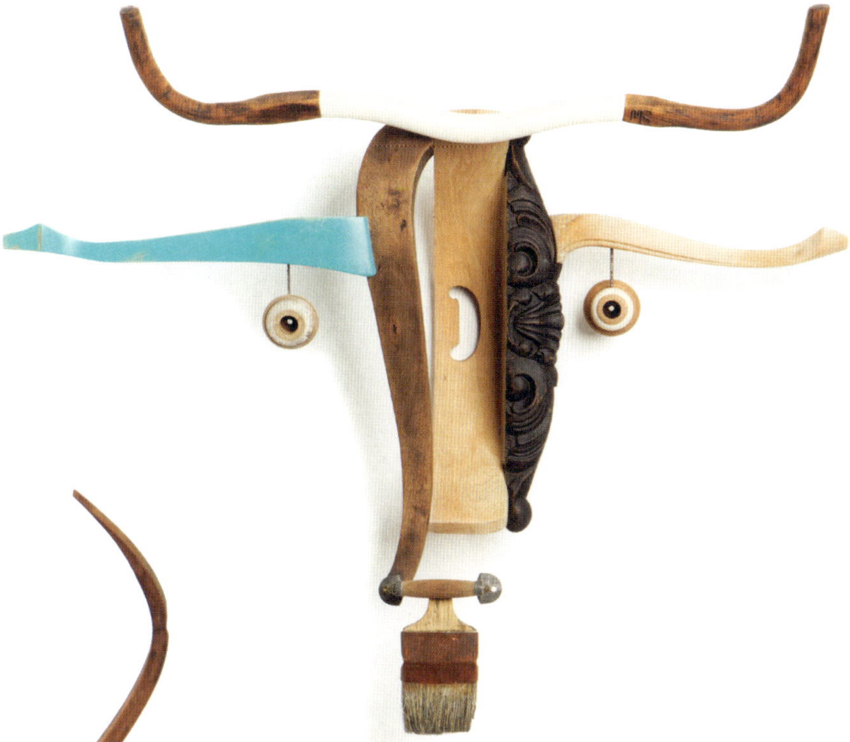

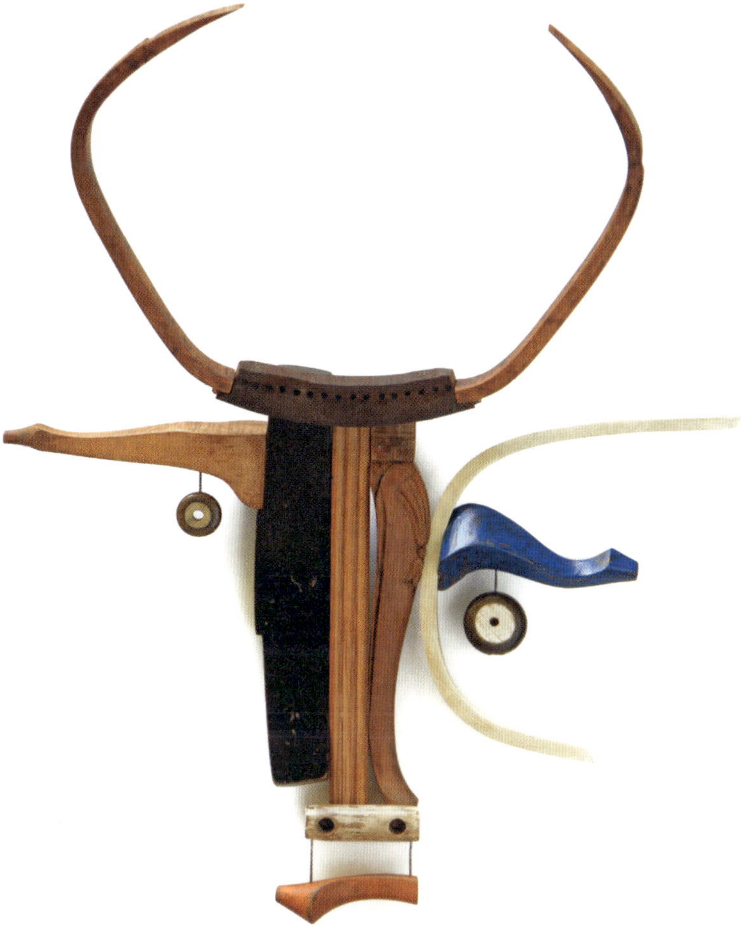

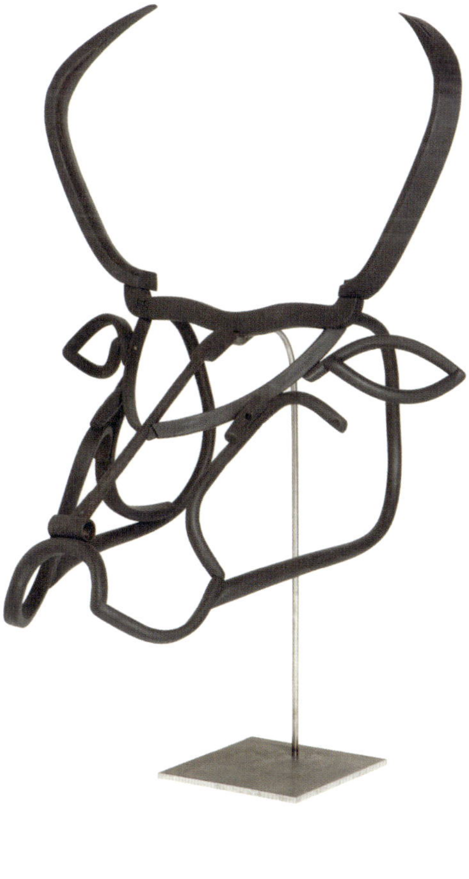

¿Cómo es tu estudio? ¿Nos lo podrías describir?

Mi estudio es muy luminoso, tiene una forma rara porque la planta es un triángulo, con solo tres paredes. Una de ellas tiene un montón de ventanas. Tengo unas cuantas mesas enormes para poder trabajar en varias piezas al mismo tiempo, y suelo reorganizar el taller bastante a menudo.

¿Te gusta colaborar con otros artistas o prefieres trabajar por tu cuenta?

Solo he llevado a cabo un proyecto con un amigo, un pintor, pero nos ha costado mucho coordinarnos y todavía no lo hemos terminado. Sin duda prefiero trabajar por mi cuenta; ya me cuesta bastante ponerme de acuerdo conmigo mismo...

Cuando te encuentras un mueble, ¿ya en ese momento le ves las posibilidades, o te viene alguna imagen de en qué se podría convertir?

Eso me puede pasar de vez en cuando, cuando la pieza evoca claramente algo especial. Pero lo normal es que guarde el objeto con todos los demás y le busque un uso más adelante.

¿De qué estás más orgulloso?

No me siento "orgulloso" de nada en especial. Simplemente estoy muy contento con la idea de hacer esculturas, con poder exponer mi trabajo, con que la gente responda bien a mi obra…

www.marcsparfel.com

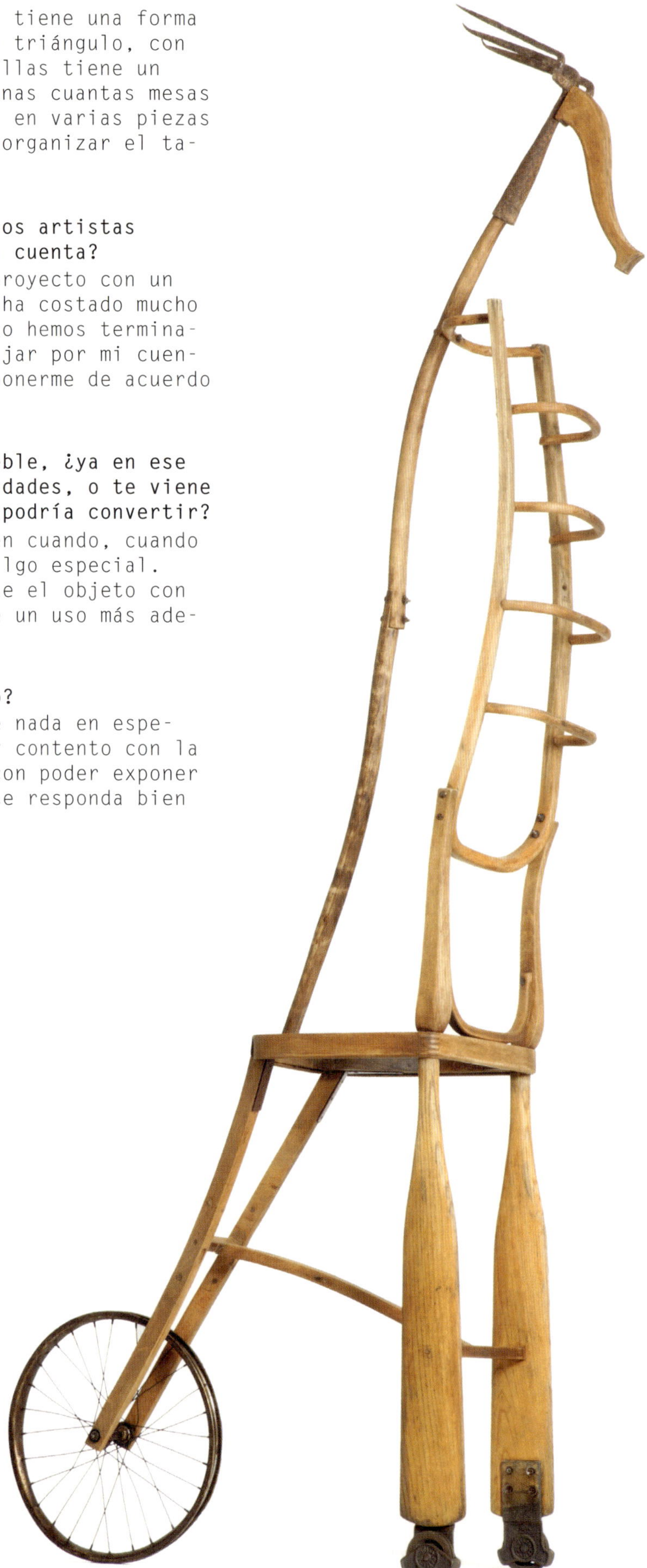

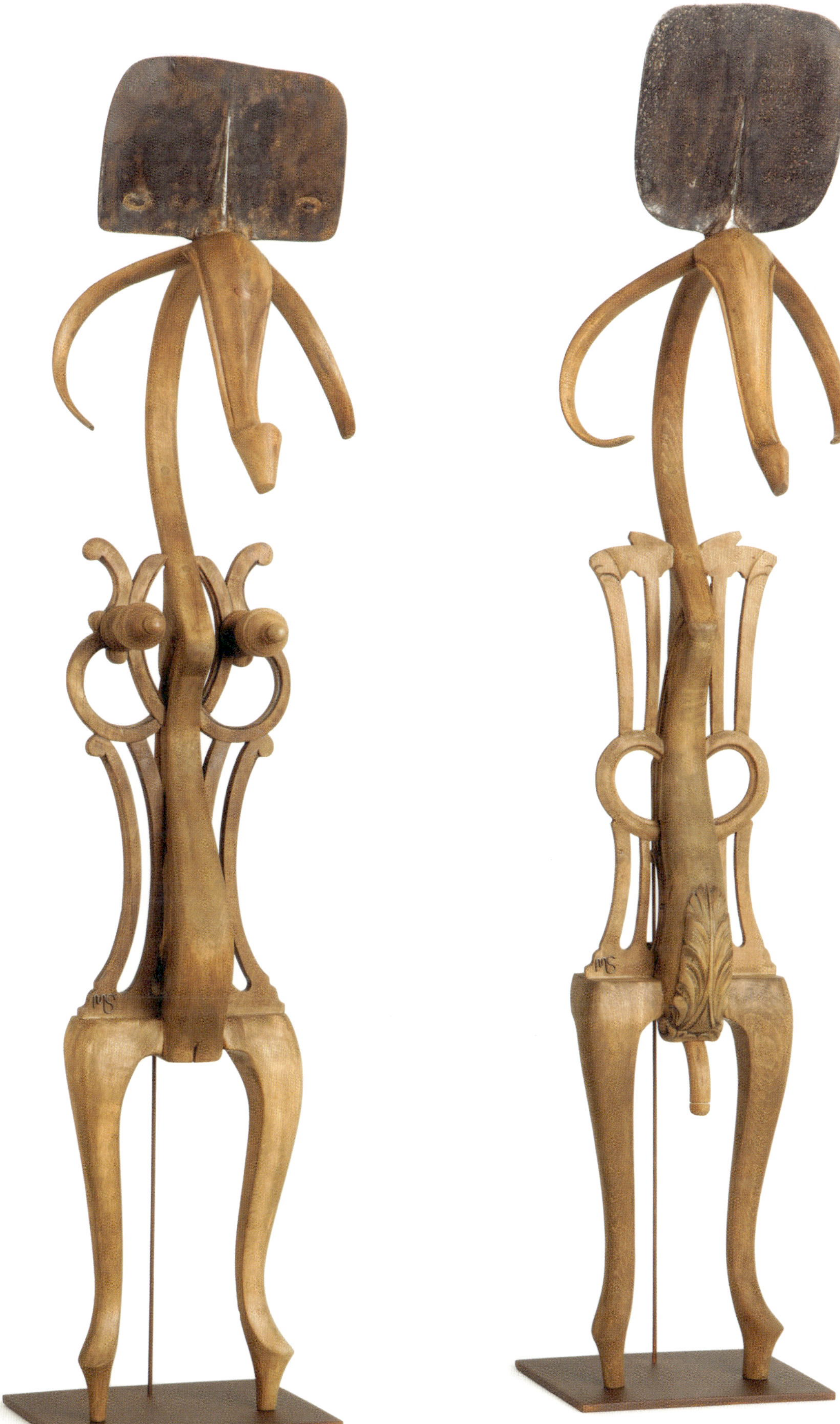

TABURETE DE LISTONES

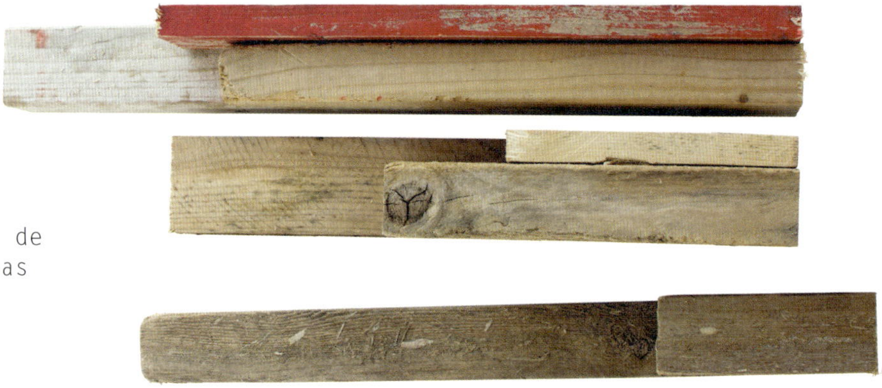

① Reúne distintos tipos de fragmentos de madera, restos de alguna obra o tablas o estacas encontradas en la playa.

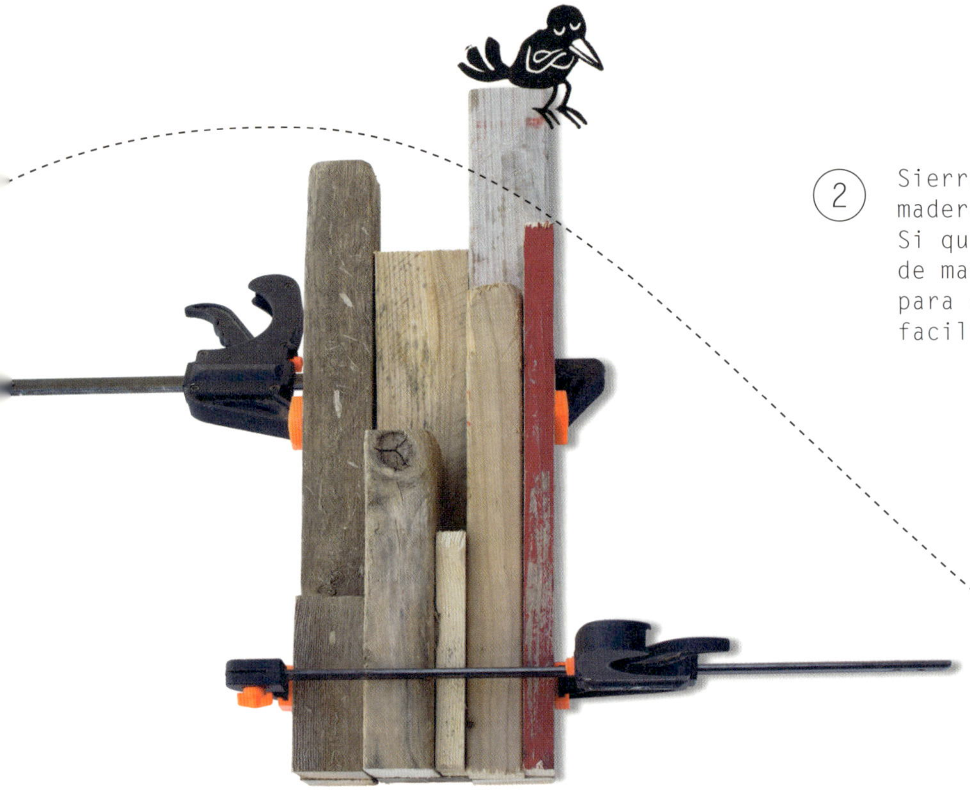

② Sierra y combina las piezas de madera para crear un conjunto. Si quieres, puedes usar un marco de madera (de fabricación propia) para apilar las piezas con mayor facilidad.

③ Pega las distintas piezas con adhesivos de construcción. Utiliza sargentos de carpintería para ejercer presión.

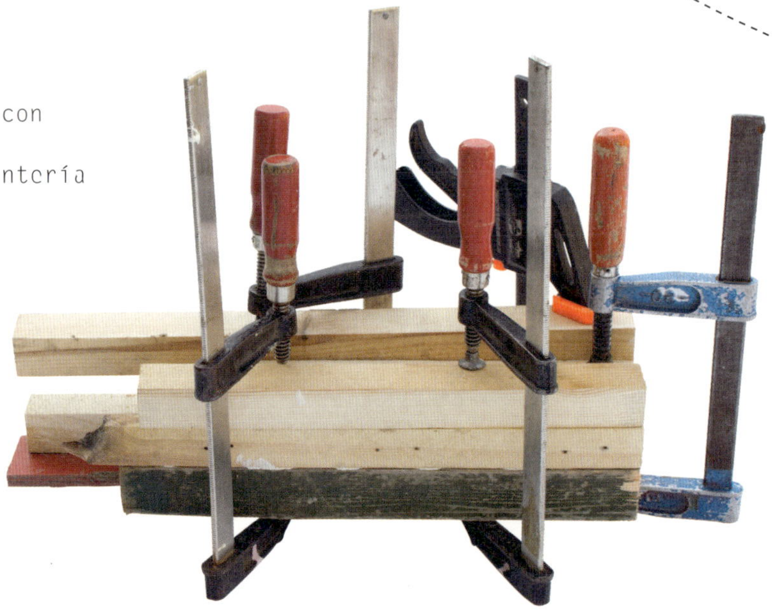

4 Cuando ya esté seco, une las distintas piezas para formar un taburete.

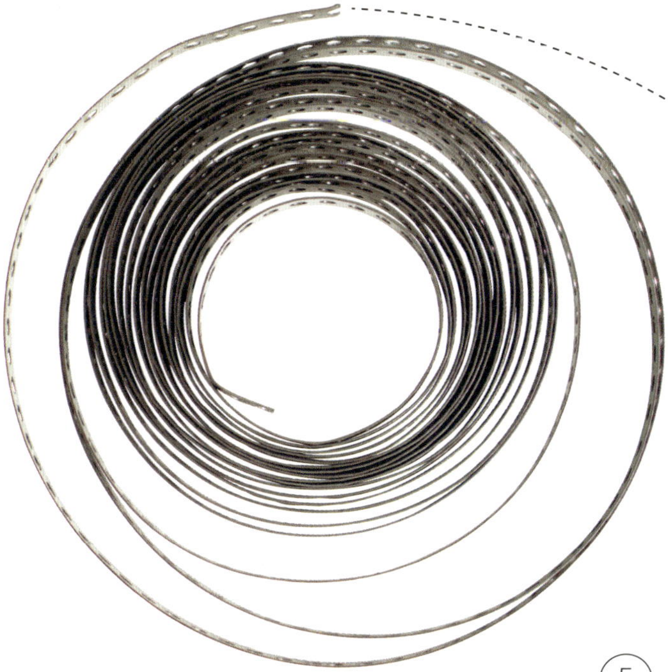

5 Mantén las piezas bien unidas con unas bridas metálicas.

6 Usa una lijadora eléctrica o una alisadora para nivelar el asiento, *et voilà!*

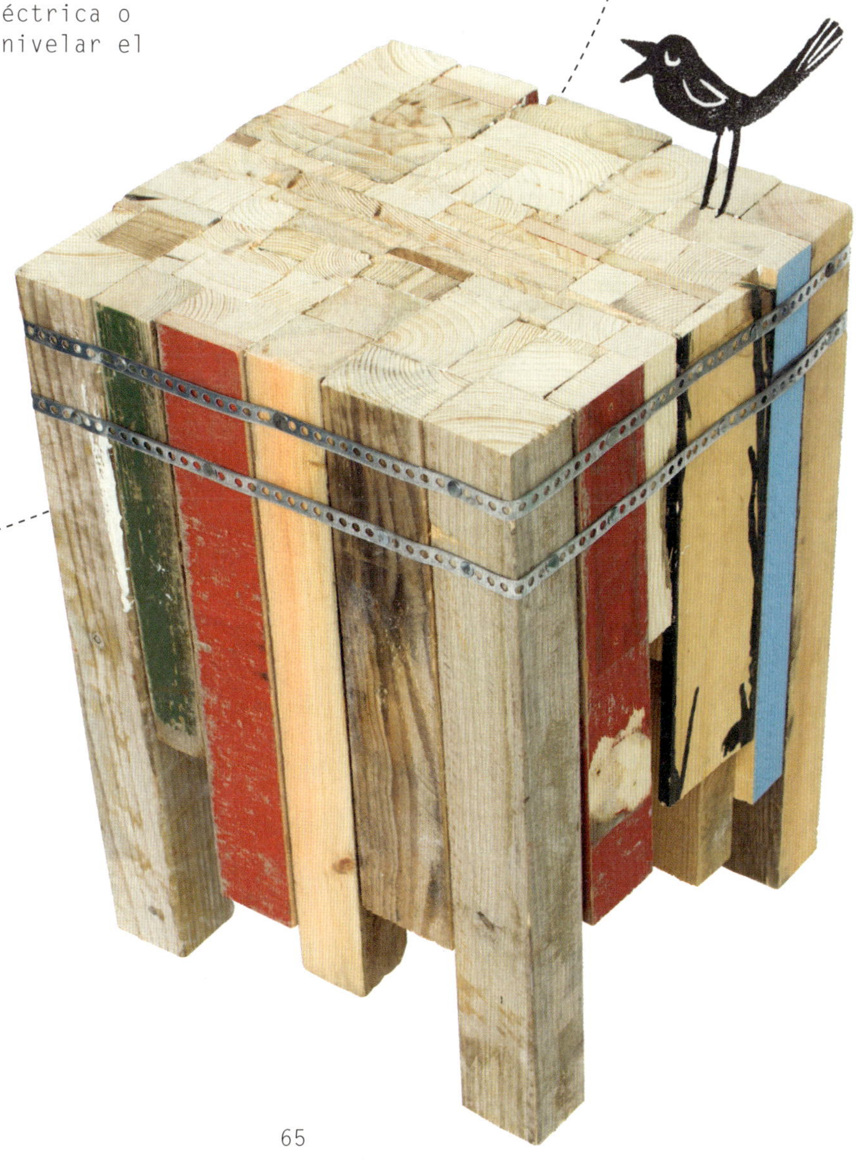

SLUMBIRD/ BART DE KEYSER DIBUJOS COCHAMBROSOS

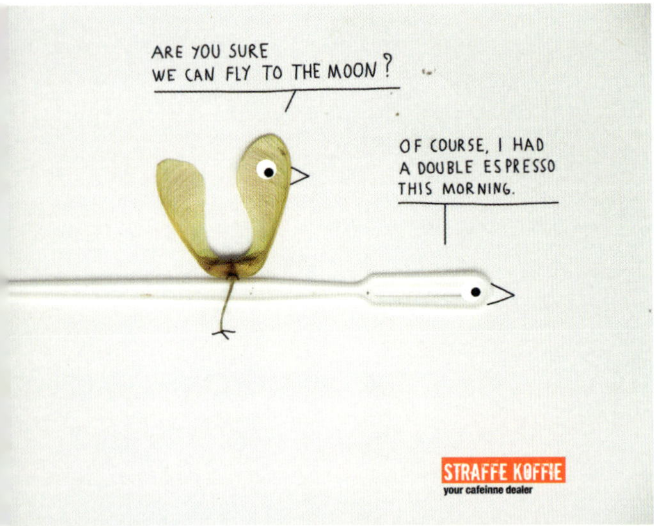

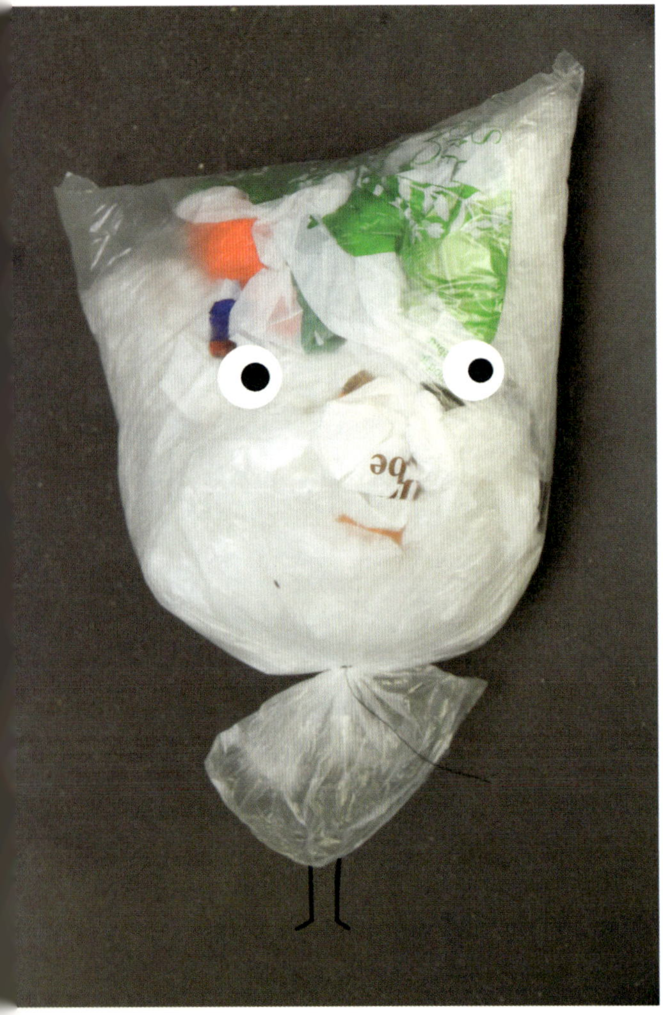

Bart Bart de Keyser es un diseñador gráfico belga. Estudió diseño gráfico en el SASK de Sint-Niklaas. Más adelanté prosiguió sus estudios en Temse y en Anderlecht. En la actualidad dirige una agencia de comunicación, da clases y es el creador de Slumbird. En este proyecto, Bart saca fotografías de residuos y cochambre que se va encontrando en sus viajes. Se basa en partes pequeñas de objetos usados, cosas que va descubriendo y residuos alimenticios. Su tarea consiste en completar estas imágenes con una mínima intervención gráfica: una cara, unas pocas palabras, etc. Con estas incorporaciones, las obras cobran vida y establecen un diálogo con el espectador. En cierto modo, Bart es un contador de historias. Cada imagen que crea cuenta una historia detallada.

¿Qué quiere decir "Slumbird"?
Slumbird es un pájaro que vive en los arrabales, donde campa la creatividad como respuesta a la pobreza y la falta de espacio, de lujos… En los arrabales no existen los residuos, pues todo, cada pieza de madera, cartón, plástico, algodón o hierro, puede ser útil a la hora de construir o generar soluciones. Puesto que es un pájaro, Slumbird es libre de hacer lo que le parezca y de construirse una casa o un mundo propio, a base de materiales encontrados.

¿Cómo y por qué concebiste Slumbird?
Slumbird empezó como -y sigue siendo- una vía de escape creativa. Me mantiene "a tono". Me encanta poder crear algo de la nada, a partir de basura que me voy encontrando por la calle. Cada residuo tiene su propia identidad y su propia historia, y las combinaciones que son fruto del azar me suelen inspirar a crear una imagen o un póster. Son postales de una fábula contemporánea.

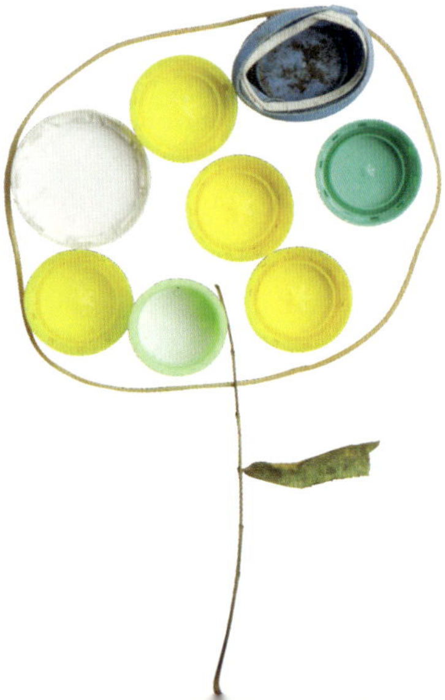

IL EST TEMPS POUR UN CAFÉ

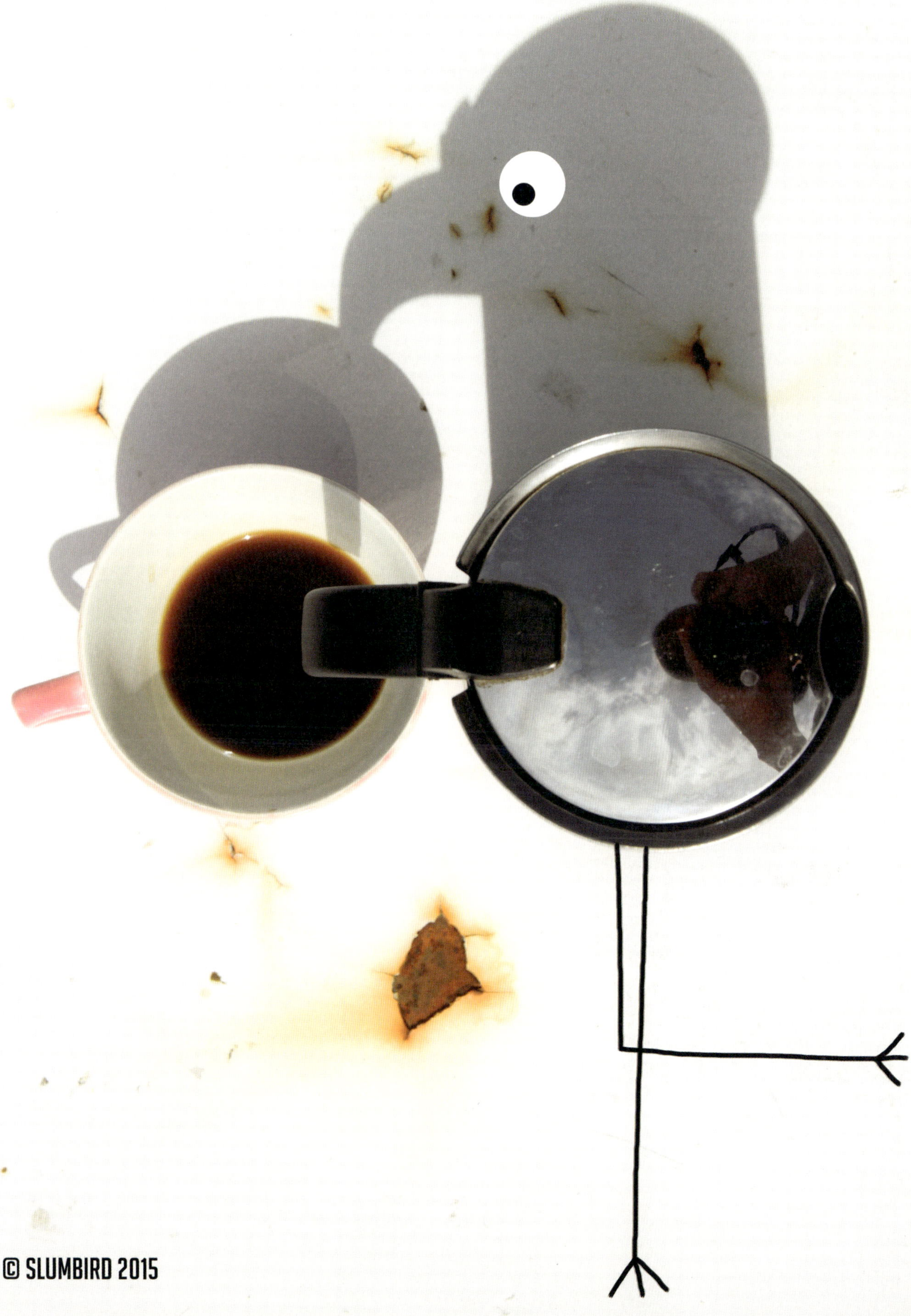

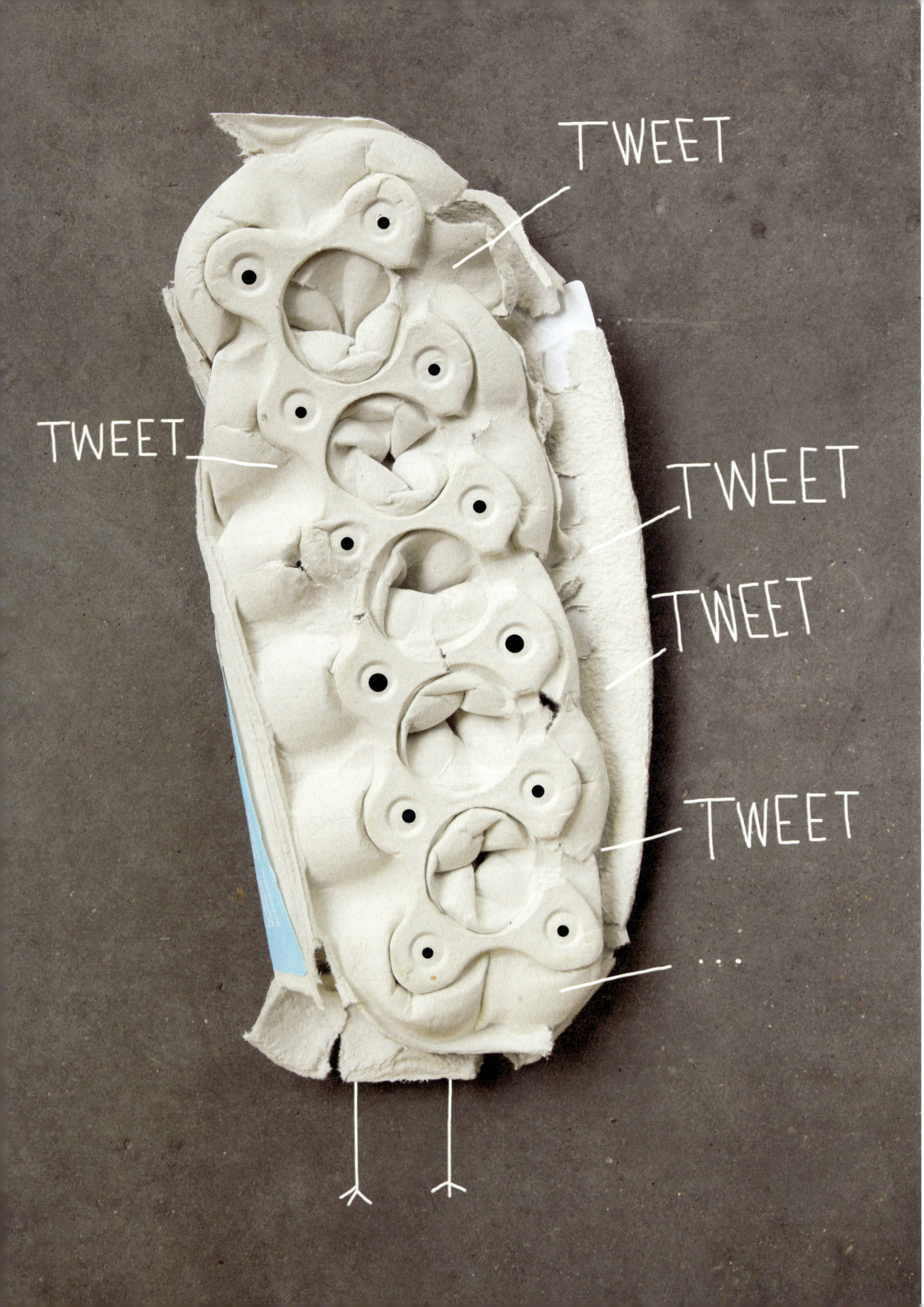
TWEET
TWEET
TWEET
TWEET
TWEET
...

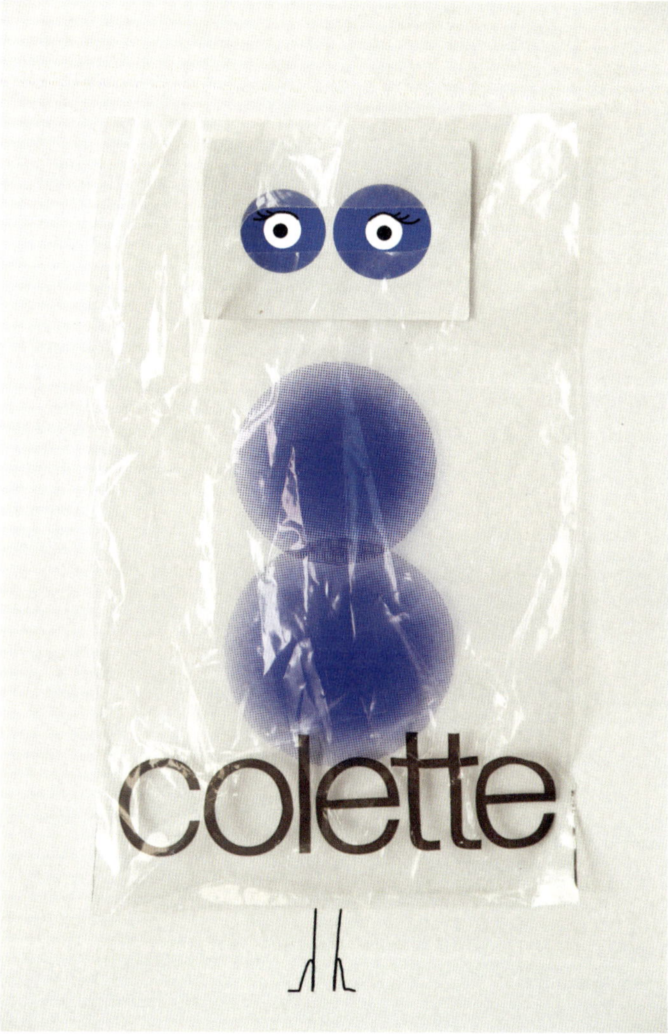

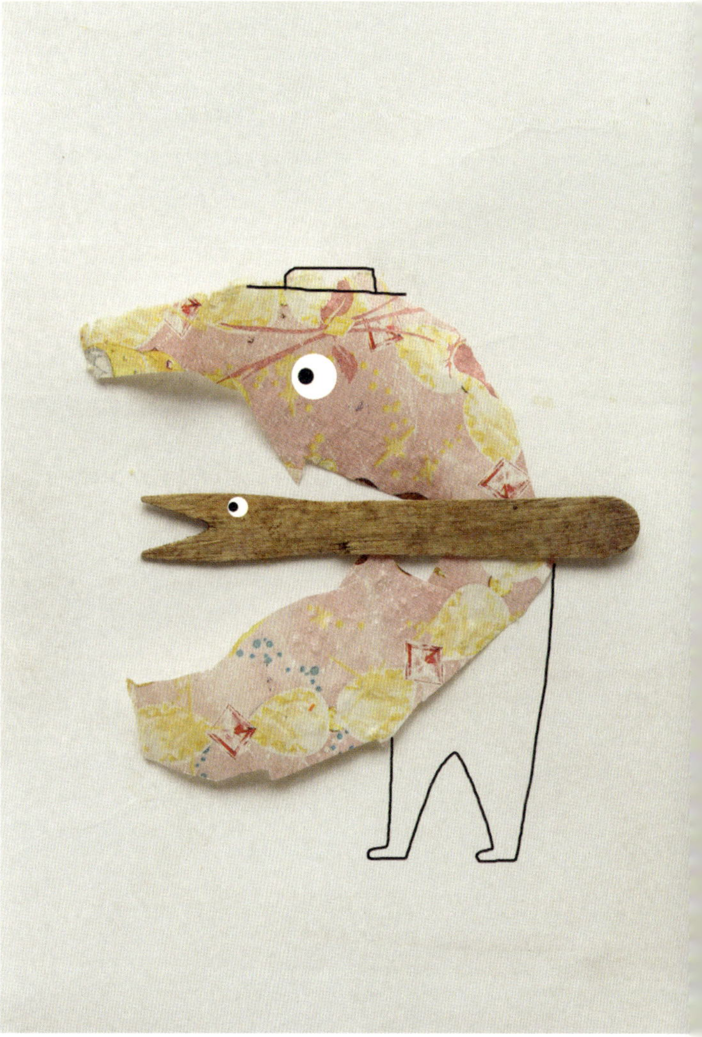

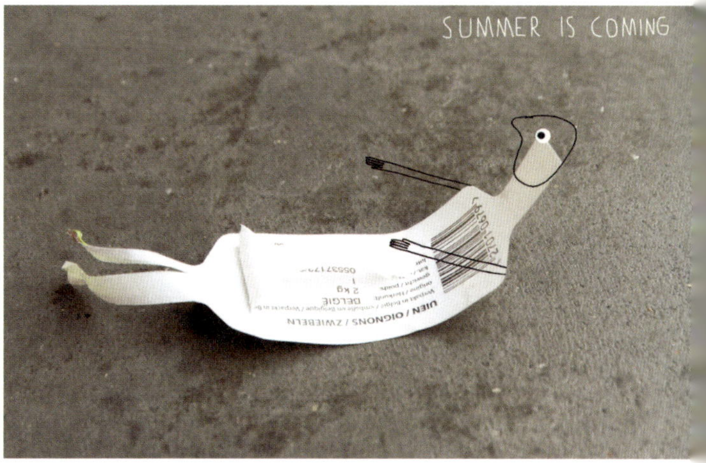

¿Tienes en tu estudio una colección enorme de materiales encontrados?

Sí que la tengo. Para mí son tesoros. La mayor parte de ellos son pequeños y muy frágiles. Pero luego siempre suelo crear con lo que me haya encontrado ese mismo día o esa misma semana.

¿Es Slumbird un proyecto independiente o tiene relación con tu labor como diseñador gráfico?

Slumbird empezó como un proyecto independiente y sigue creciendo. Sí que utilizo "ideas Slumbird" en mis clases de diseño creativo y en los talleres que imparto sobre creatividad. También he empezado a emplear este tipo de imágenes en mi labor como diseñador gráfico, y espero llegar a utilizarlas en algún anuncio.

www.slumbird.be

DIBUJAR CON BASURA

① Dale la vuelta a tu cubo de basura, o sal de paseo y recoge las cosas que te encuentres por el camino.

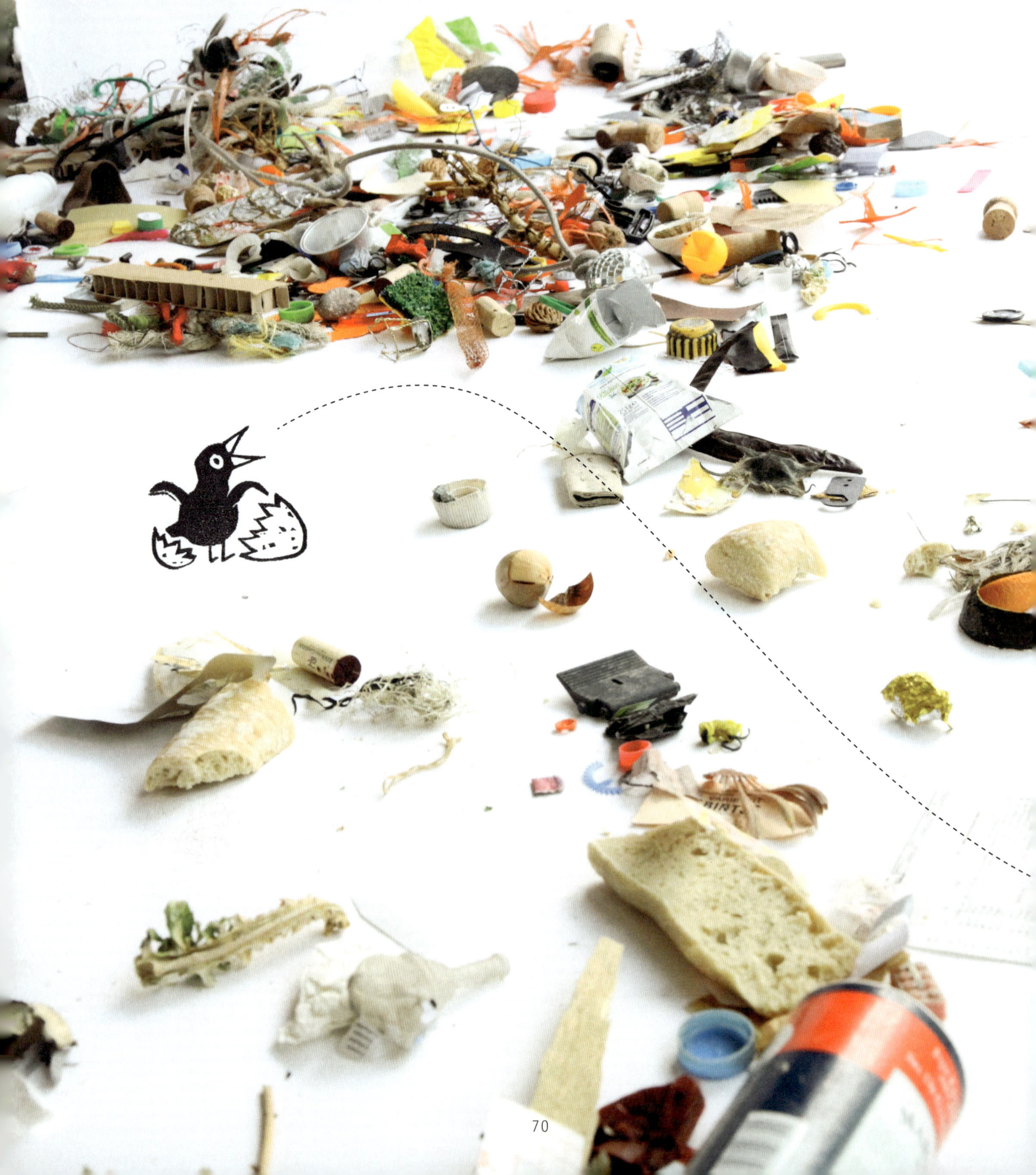

2 Esparce tus tesoros sobre la mesa y tómate tu tiempo a la hora de examinarlos. Relaciona unos con otros. Ese tapón de botella puede ser un sol o el corazón de una flor.

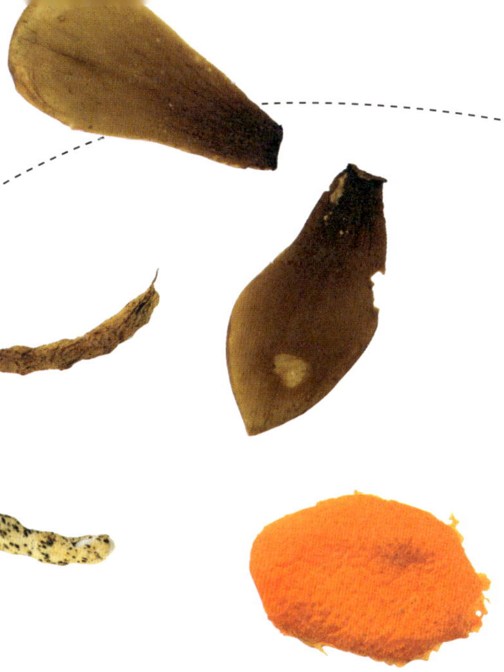

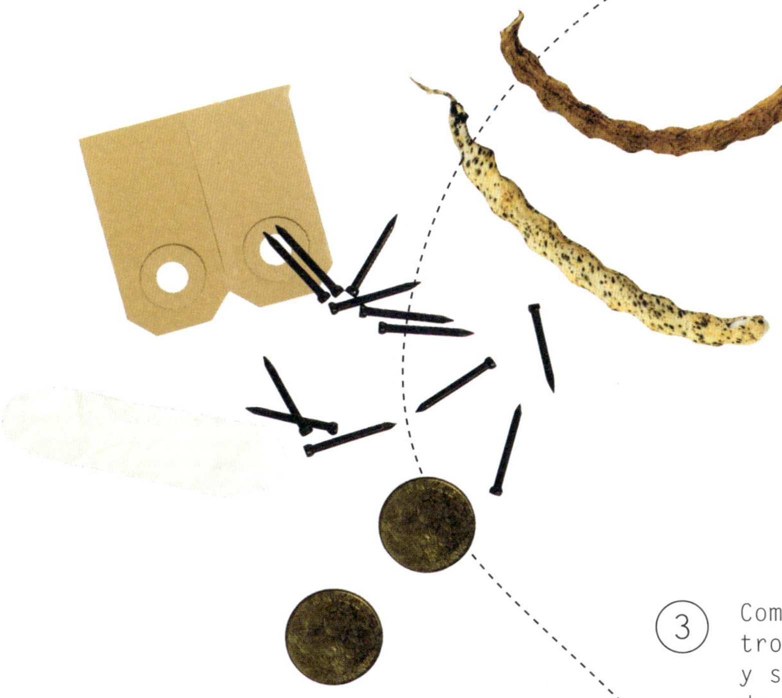

3 Combina los tesoros sobre un trozo de papel, por ejemplo, y sácale una foto a tu dibujo de basura cuando lo hayas terminado.

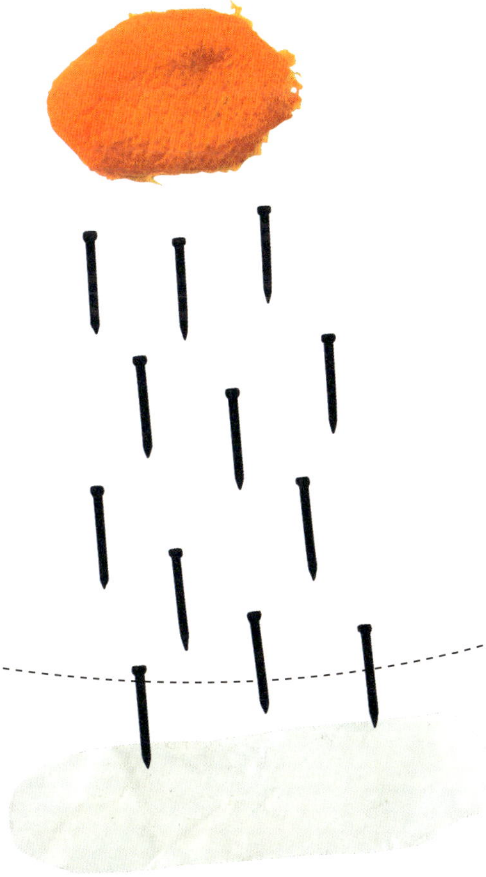

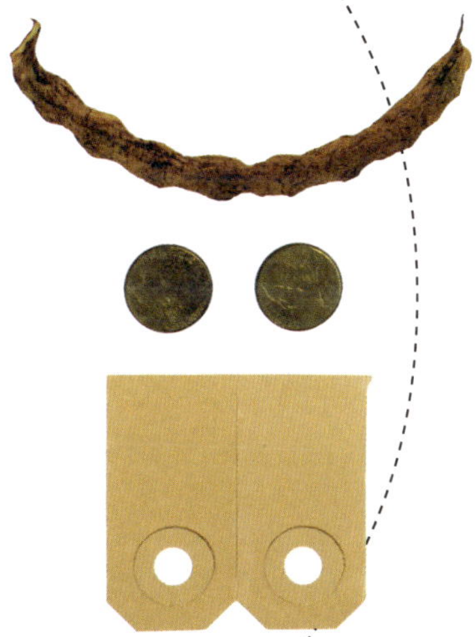

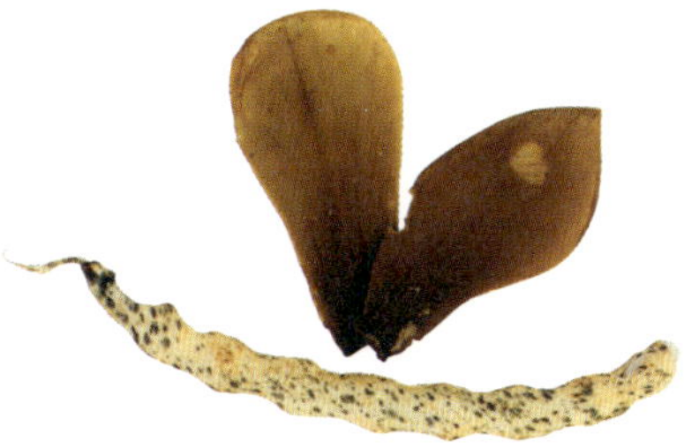

4 Y lo más importante: ¡pásatelo bien!

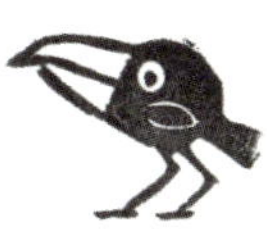

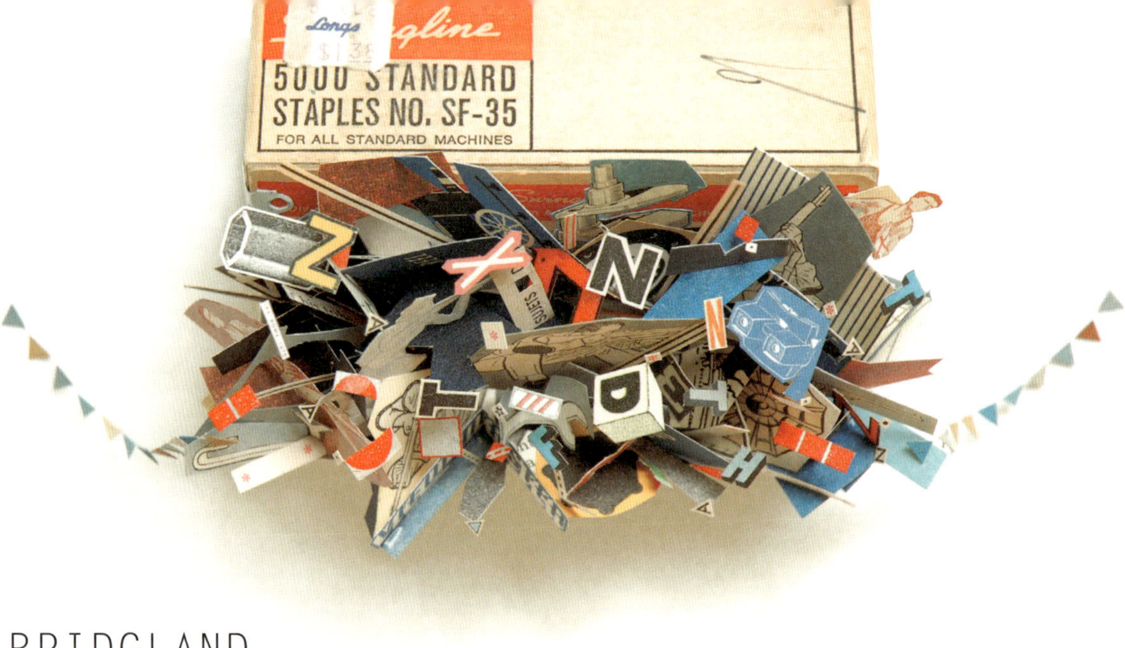

SARAH BRIDGLAND
UN MUNDO DE RECORTABLES

Sarah Bridgland es una artista visual que vive y trabaja en Gales, Reino Unido. Se graduó en el Royal College of Art en 2006 y tiene un máster en Técnicas de Impresión. Es una avezada coleccionista de recuerdos de segunda mano, materiales que utiliza para crear diminutas esculturas de papel. Con un escalpelo va recortando las figuras, las letras, las texturas y los colores que le llaman la atención. A la hora de combinar estos recortables, va organizando el espacio en busca del equilibrio entre las diferentes tipografías y motivos gráficos.

Bridgland es muy selectiva a la hora de elegir el tipo de imagen que utiliza; le gusta que la estética transmita cierto aire nostálgico. Muchas veces incluye motivos impresos por ella misma (sobre todo a partir de tipos móviles), con lo que sus esculturas son una combinación de materiales encontrados y realizados ex profeso, viejos y nuevos. A Bridgland le interesa cómo se construyen las cosas y le fascinan los libros animados troquelados y los teatrillos de juguete. Le encanta la capacidad que tienen de alimentar nuestra imaginación y de transportarnos a un mundo mágico.

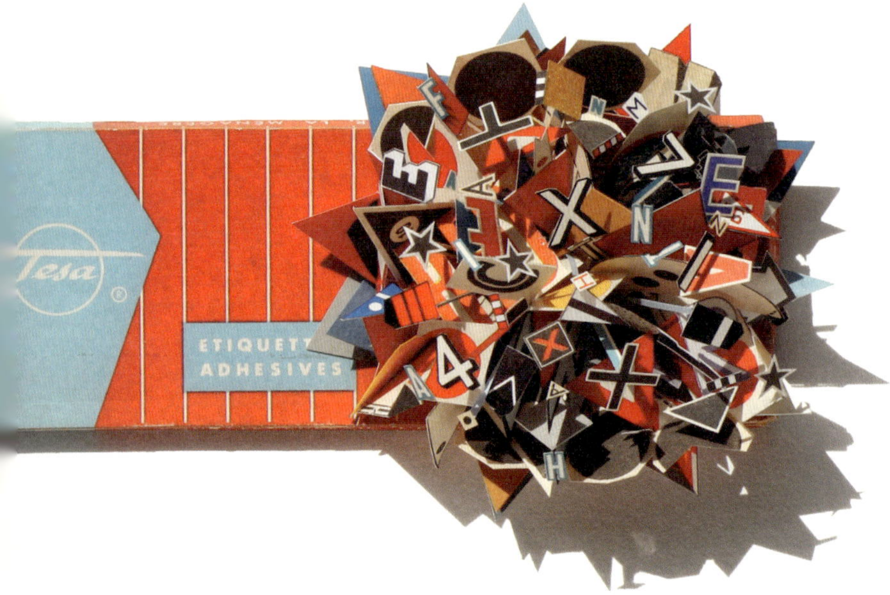

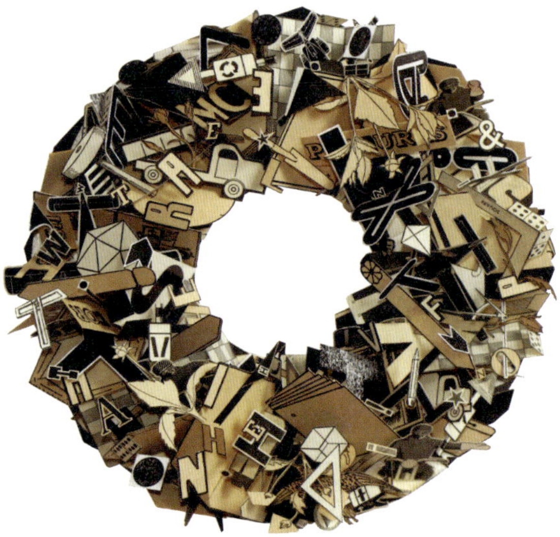

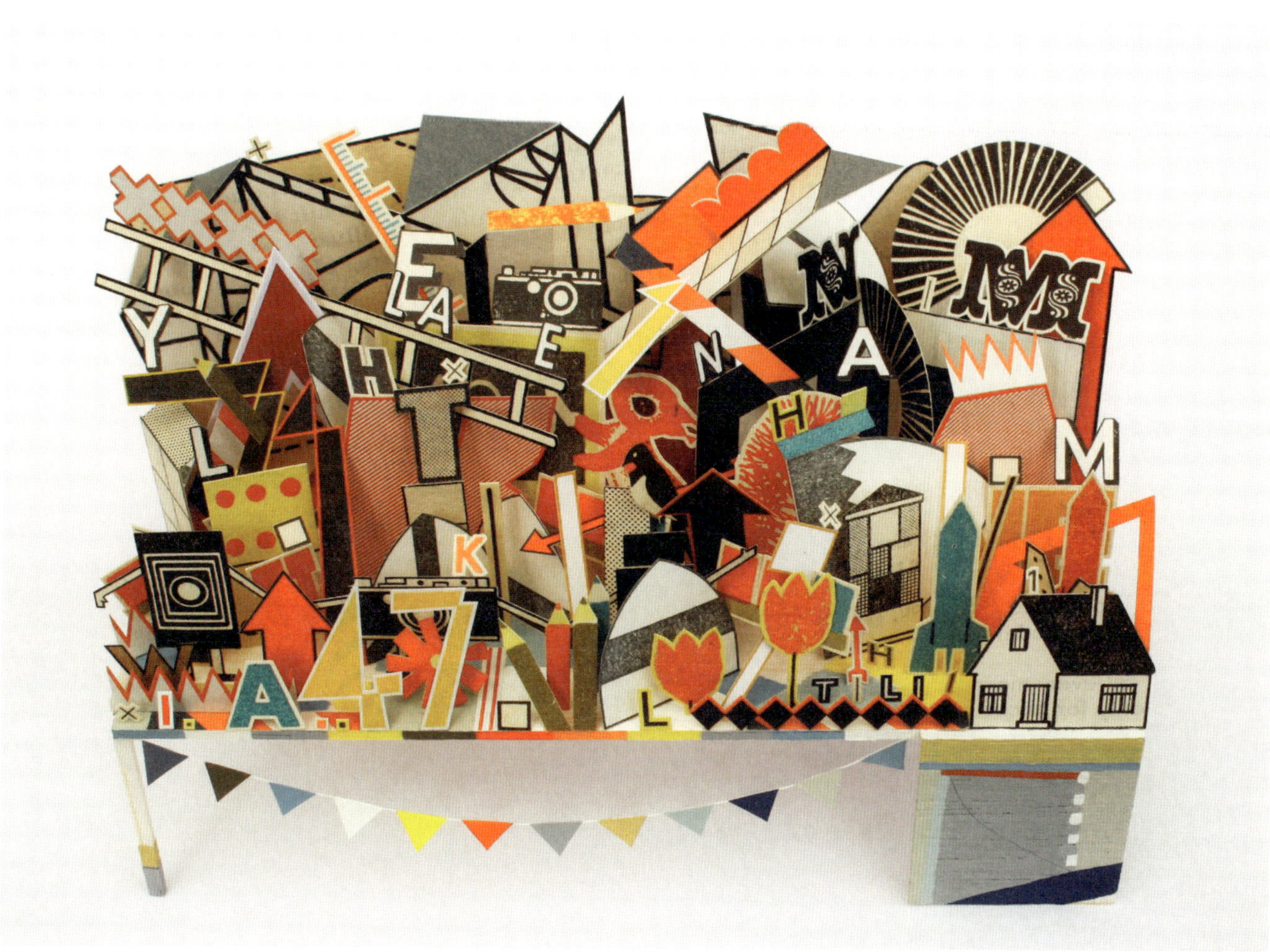

Mezclas muchos elementos: la escultura, el collage, la tipografía. ¿Siempre ha sido así o fuiste desarrollando este estilo por el camino?

Siempre he combinado el collage con la tipografía, pero lo de la escultura vino más tarde. Lo primero que estudié fue impresión y solía usar la técnica tradicional de estampación de chine-collé para incorporar fragmentos de papel impreso a mis grabados abstractos. Me encantan la inmediatez y el carácter lúdico del collage, así como el juego que se establece entre las distintas formas y la energía que resulta de ir solapando distintos tipos de imágenes. Me llaman los aspectos formales de los documentos, las cartas, los recibos y los embalajes, y ahí es donde radica mi amor por la tipografía.

El salto al 3D lo viví como algo bastante natural. Tenía montones de recortables enhebrados por toda la mesa y mi tutor me sugirió que los pegara. Yo quería recrear esa sensación de energía que me transmitían los papeles apilados, y al intentarlo di forma a algo que se me antojaba parecido a un dibujo en 3D, un paso intermedio entre el collage y la escultura.

¿Prefieres trabajar con una escala reducida?

La mayor parte del tiempo, sí. Me gusta el nivel de intimidad de ese tipo de trabajo. Cuando se expone, no se está seguro de lo que es hasta que te acercas, por lo que la gente se siente atraída hacia la pieza de forma más bien natural. Me gusta la idea de que, cuando hablas bajito, la gente se tiene que acercar más para escuchar lo que dices, y de que un susurro es más poderoso que un grito. Al trabajar con piezas pequeñas también hay una mayor sensación de control, de ser un gigante en tu propio mundo. Si el mundo te abruma, es un lugar al que retirarse.

¿Hay alguna sensación o atmósfera que pretendas transmitir con tu trabajo?

Me gusta crear obras que reinviertan elementos previamente descartados y les infundan un nuevo optimismo. Busco divertirme con lo que hago y transmitir energía, así como una idea de movimiento; me las imagino como esculturas cinéticas... Mi trabajo consiste en capturar un momento de ese movimiento.

www.sarahbridgland.com

ANIMAL DE CARTÓN EN 3D

1. Reúne distintos tipos de cartón.

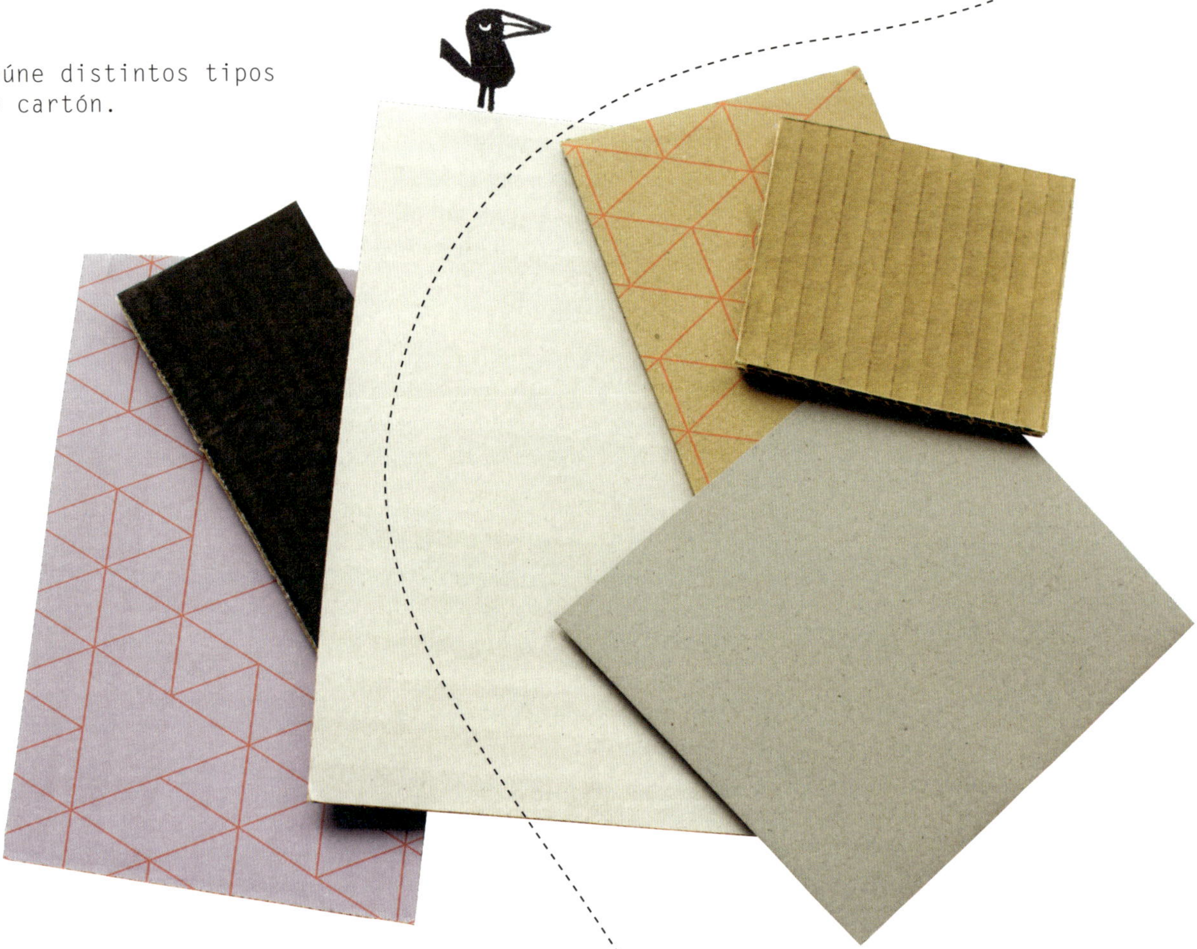

2. Copia la plantilla del pájaro que se muestra en este ejemplo, o bien diseña tu propio animal. Hay un sinfín de posibilidades...

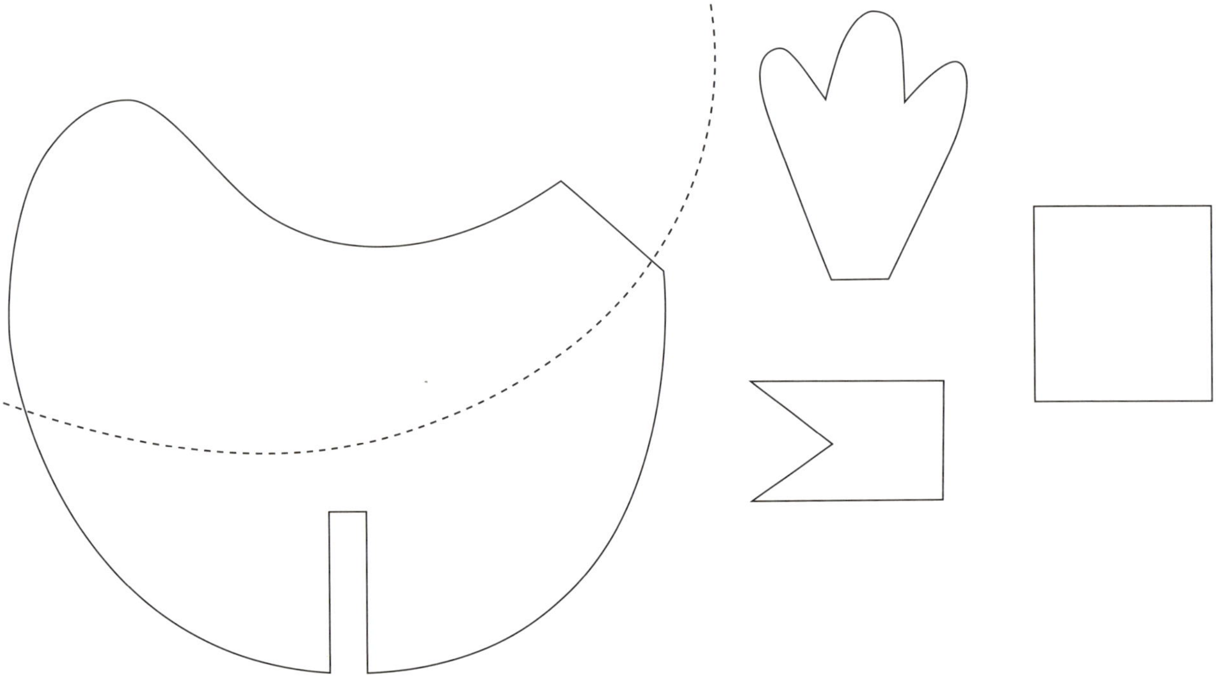

3. Utiliza un lápiz para dibujar sobre el cartón las formas que quieras. Recórtalas con unas tijeras o con un cúter (usando una alfombrilla para cortar).

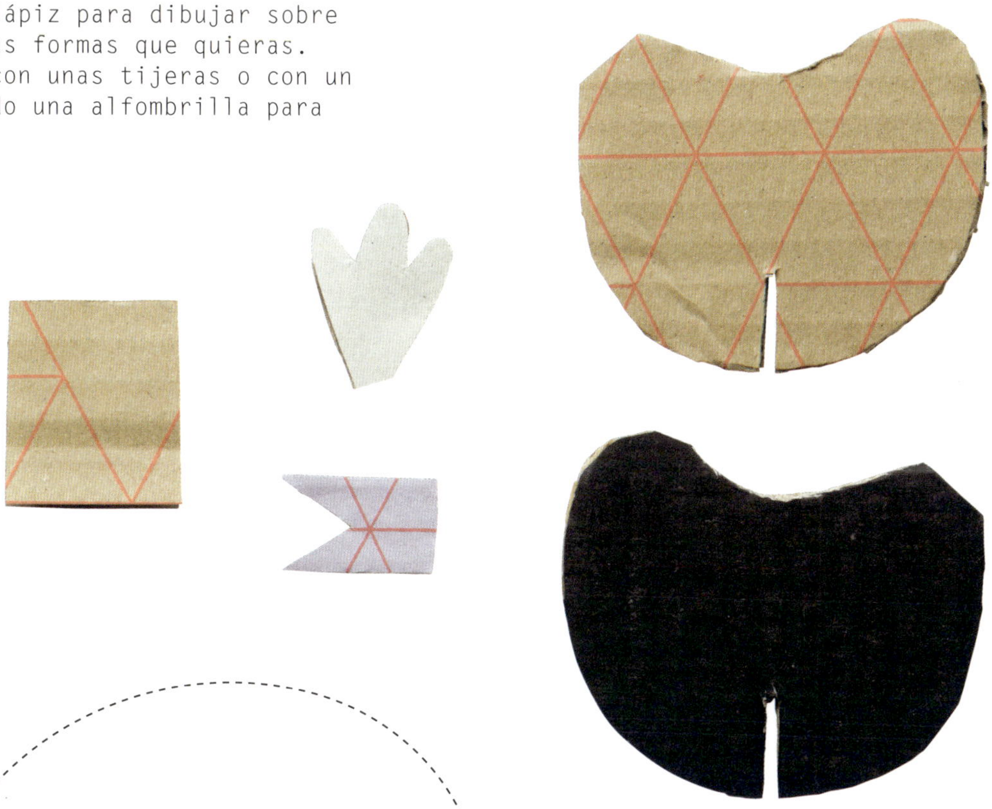

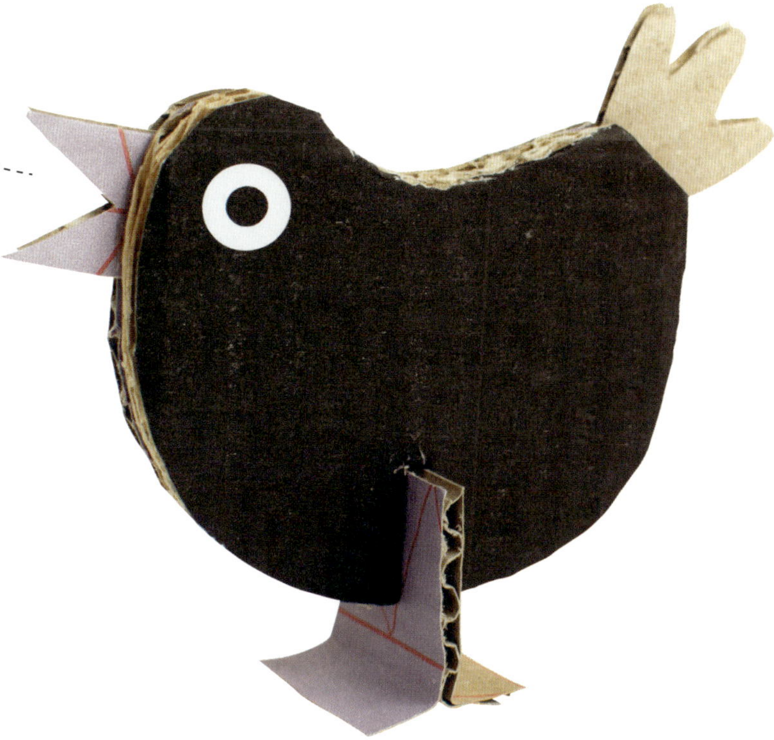

4. Finalmente, pega todos los elementos ¡y obtendrás tu figura en 3D! ¡No puede ser más sencillo!

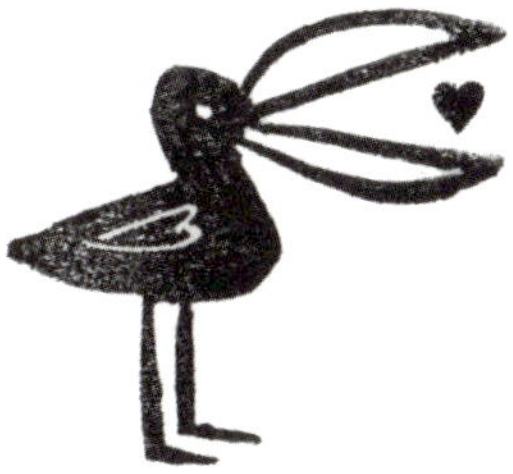

ALICE FOX
ORILLAS

Alice Fox es una artista textil radicada en el condado de West Yorkshire, en el Reino Unido. Siente una gran fascinación por los pequeños detalles del mundo natural. Trabaja la impresión, el punto y el tejido para emular procesos naturales, y trata objetos y materiales que se encuentra como vínculos palpables con el paisaje.

Su trabajo en *Orillas*, así como otros proyectos textiles que ha llevado a cabo y que también incorporan objetos herrumbrosos encontrados aquí y allá, son el resultado de su preocupación por el estado de las costas y de su interés por explorar las posibilidades del uso de residuos. La playa y sus inmediaciones pueden ser la mayor fuente de experiencias y descubrimientos. Todos los días, el ciclo climático y de las mareas le traen a Alice nuevos tesoros y detritus, y al mismo tiempo brindan una nueva aventura tanto visual como táctil.

Las obras de Alice invitan a la contemplación y contienen la esencia de los paisajes costeros que evocan. Con un ojo muy perspicaz y manos calmas, la artista se encarga de reunir y ordenar los objetos que van apareciendo a sus pies. Alice permite que las piezas oxidadas manchen los géneros con los que los envuelve, con lo que el agua del mar se convierte en agente de transformaciones. Así se establece la colaboración entre la artista y el objeto. El espectador puede ver estas obras tan reflexivas como breves registros de paseos por la playa: un viaje o un momento de un viaje.

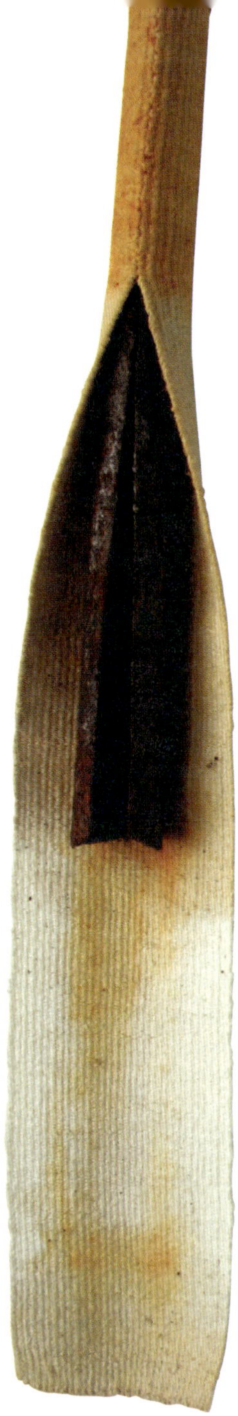

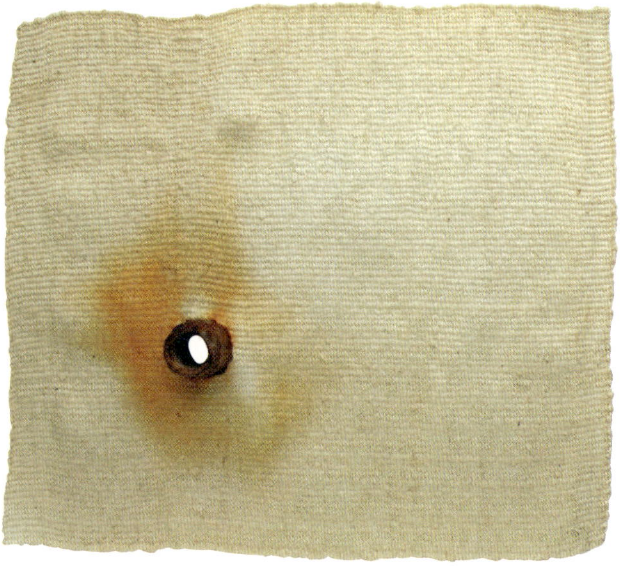

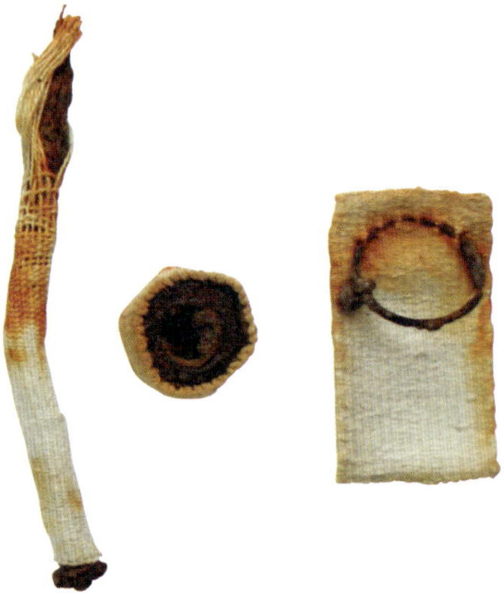

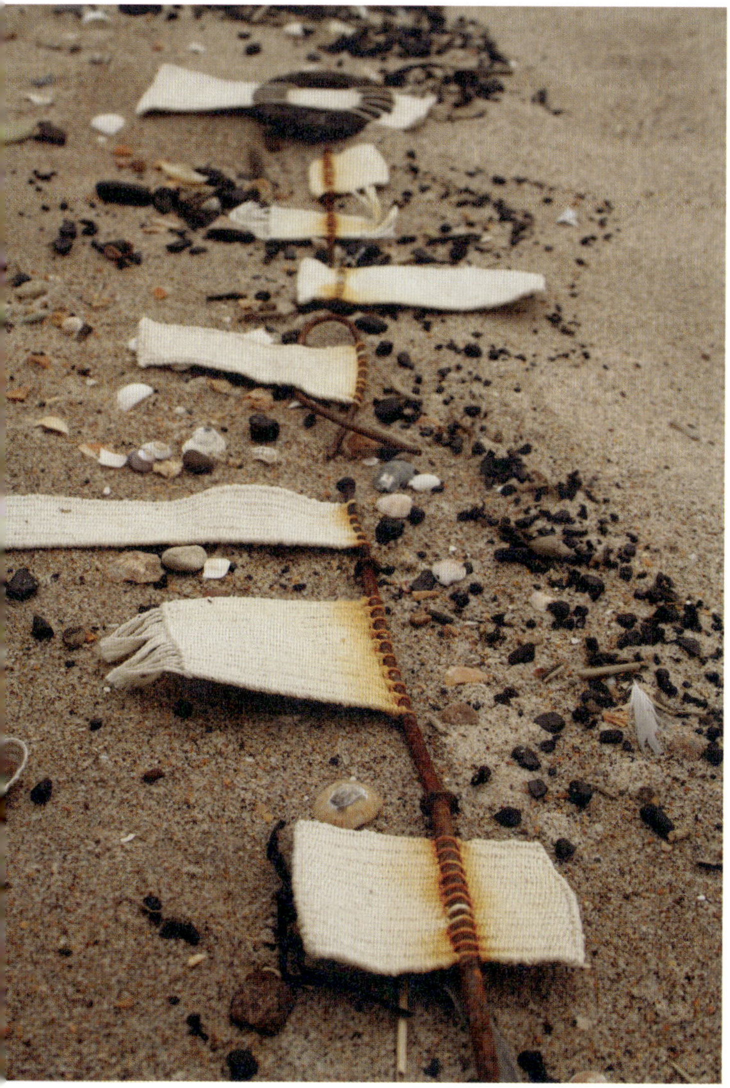

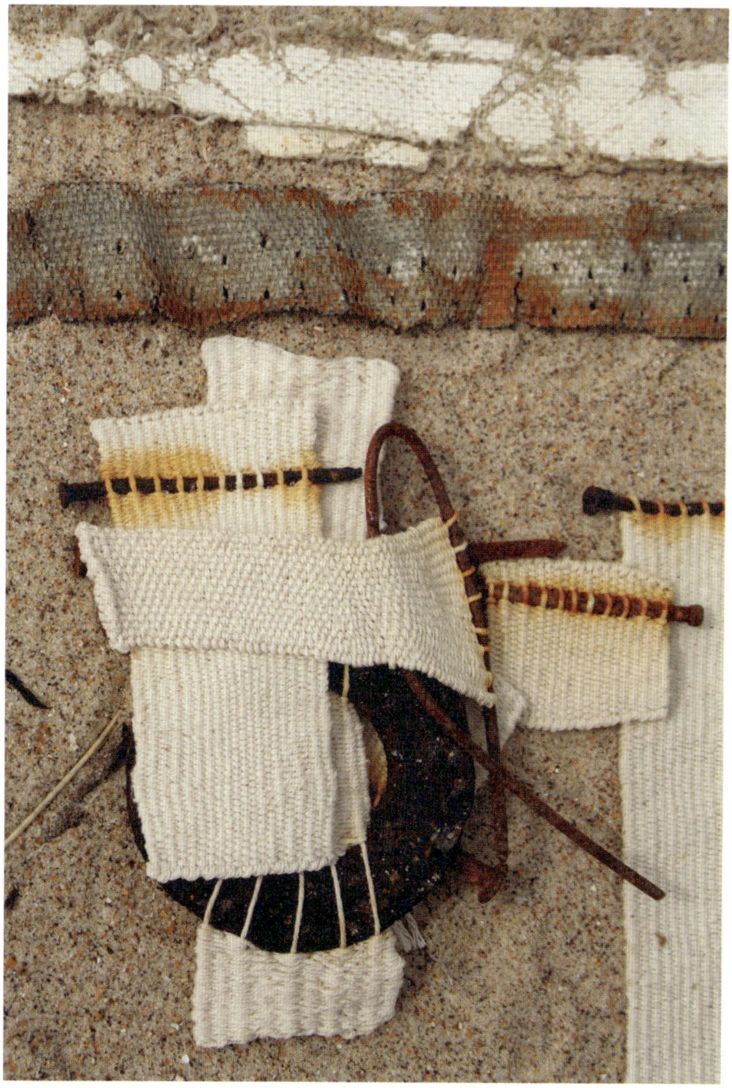

¿Siempre has trabajado como artista textil?
La primera titulación que obtuve fue en Geografía Física y trabajé en temas de ecología unos años, antes de formarme en el ámbito del textil. Llevo trabajando a tiempo completo como artista profesional desde 2011.

¿Hay algún logro en tu carrera del que estés especialmente orgullosa?
En el año 2012 fui la artista en residencia en la reserva natural de Spurn, en el condado de East Yorkshire. Fue un proyecto ambicioso, que culminó con una exposición en el faro abandonado que hay en esa lengua de tierra que se adentra casi seis kilómetros por el agua, en el estuario de Humber.

¿Podríamos decir que la costa es tu mayor fuente de inspiración?
Sí que es una gran influencia, pero lo que me interesa es registrar mi experiencia de cualquier paisaje en el que me encuentre, y tampoco vivo cerca de la costa. Mis viajes al mar son algo ocasional. La actitud de "peinar la playa" sí que la aplico a cualquier sitio en que me encuentre, y en todas partes recojo materiales que me puedan servir para dejar constancia de los parajes por los que camino.

***Orillas* es solo uno de tus muchos proyectos. ¿Nos puedes contar algo sobre los demás?**
He desarrollado un proyecto de cosido de hojas. Probé a hacer punto sobre hojas que iba recogiendo en paseos por mi zona. Al ir trabando vínculos con los materiales que tengo a mi disposición, me di cuenta de todo lo que podía hacerse cosiendo, uniendo y añadiendo parches. Aprendí cuáles eran los límites de los materiales, qué funcionaba y qué no, y creé una serie de objetos escultóricos hechos únicamente con hojas e hilo.

www.alicefox.co.uk

TELAR DE BROCHETAS DE BAMBÚ

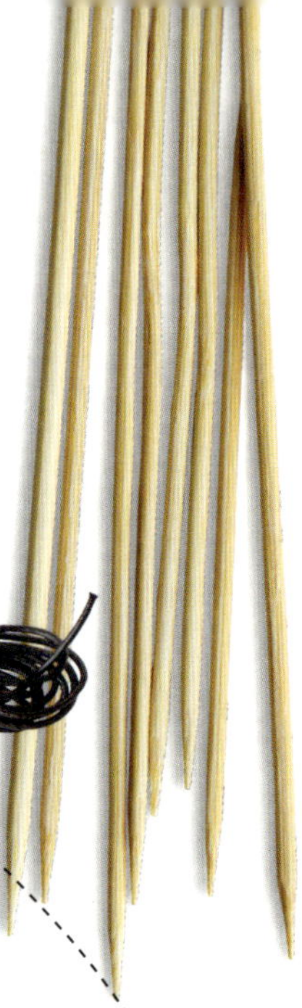

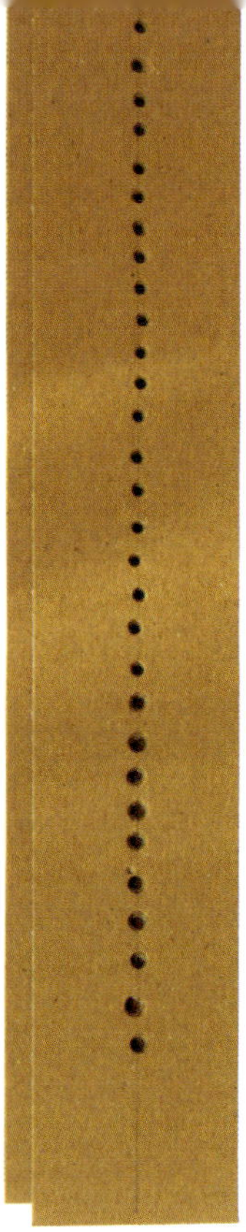

(1) Lo que necesitas:

- un paquete de brochetas de bambú
- 2 tiras de cartón
- varios trozos de hilo resistente

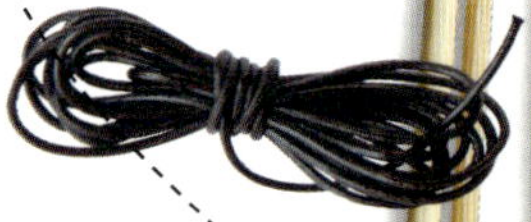

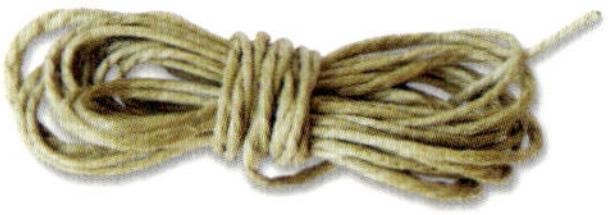

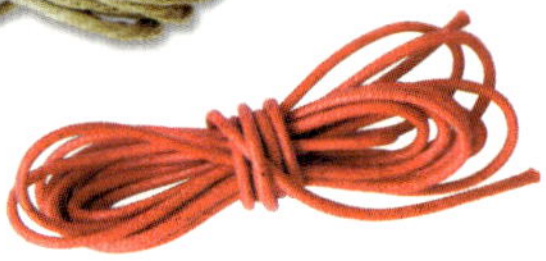

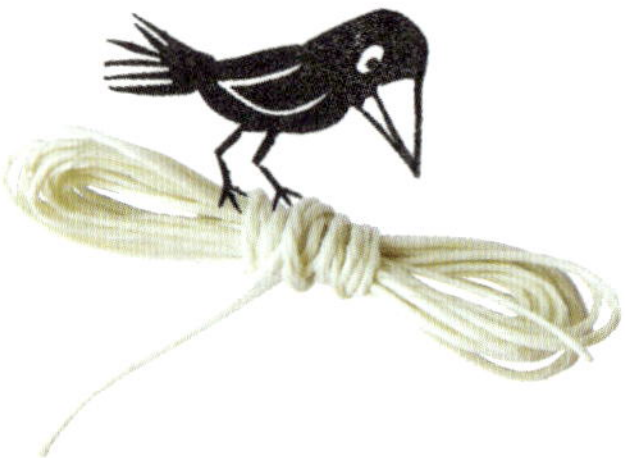

(2) Monta tu telar. Coge las dos tiras de cartón y hazles agujeros cada 6 mm. Atraviesa ambos listones de cartón con las puntas de las brochetas.

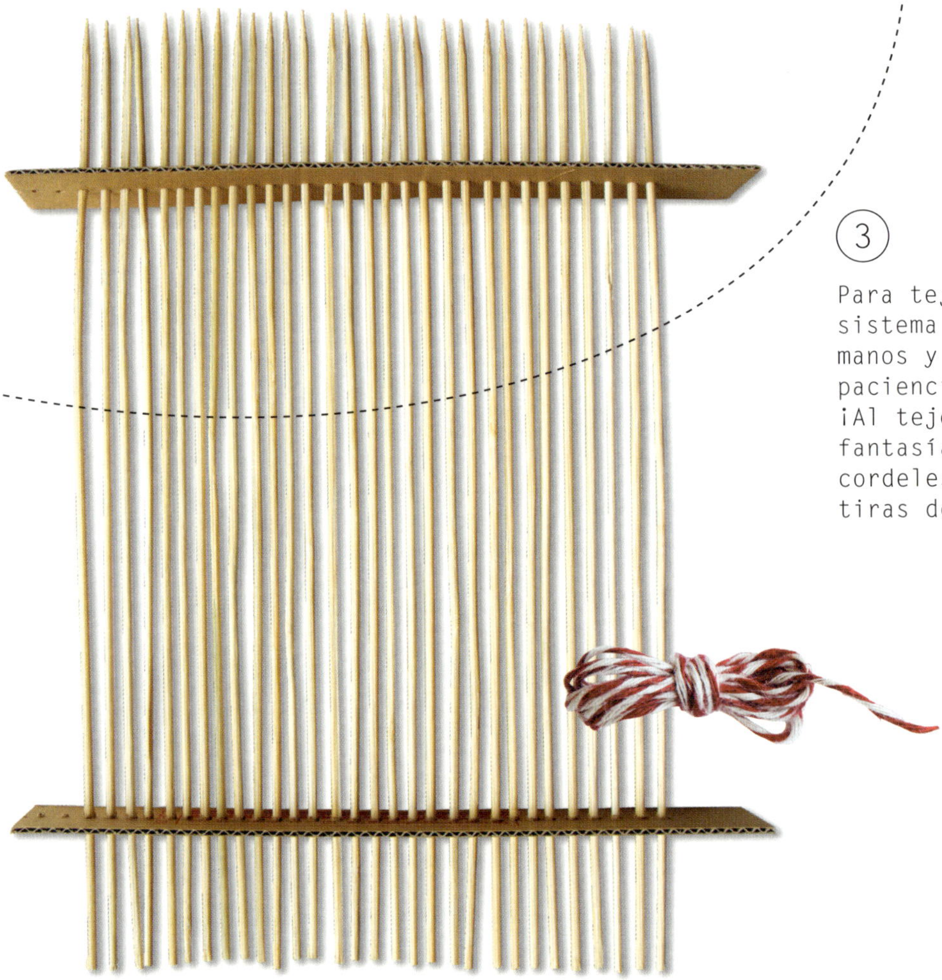

(3) Para tejer por medio de este sistema, solo necesitas tus manos y tener un poco de paciencia. ; -)
¡Al tejer, emplea toda tu fantasía! Combina hilos y cordeles diferentes, o incluso tiras de papel resistente.

4 ¡Retira las tiras de cartón de la hilera de brochetas, y tu obra ya estará lista!

Si quieres, puedes cortar la parte que asoma de las brochetas. Enrolla la pieza alrededor de una maceta para decorarla, o utilízala como mantel individual para comer.

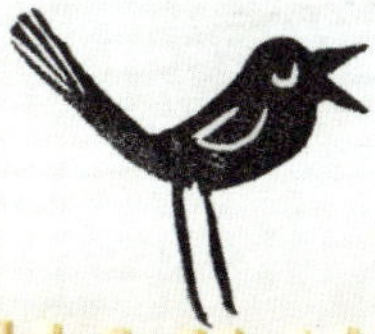

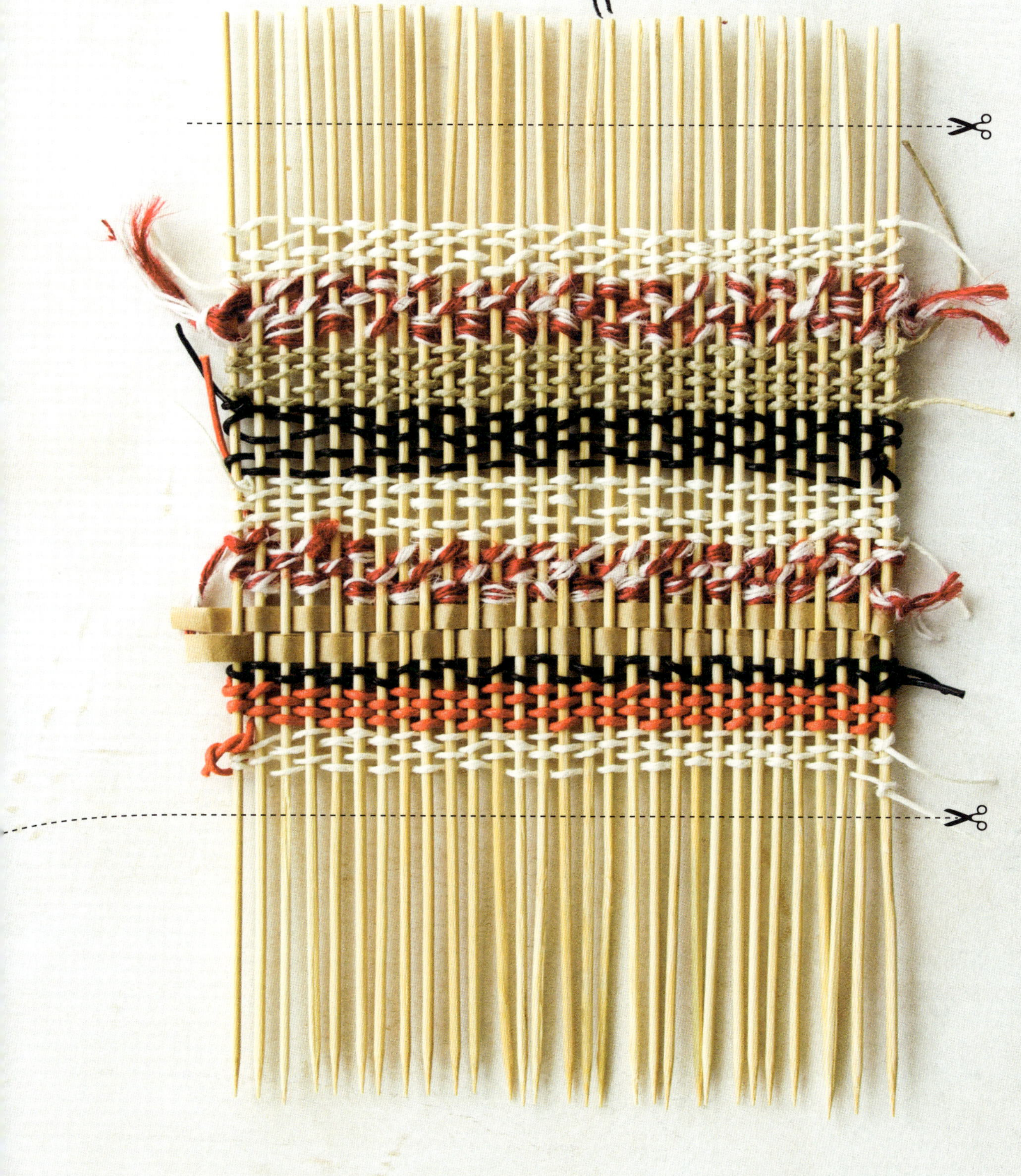

AGRADECIMIENTOS

A todos los creadores participantes:
Mari Andrews
Sarah Bridgland
Gerard Collas
Alice Fox
Studio Fludd
Severija Inčirauskaitė-Kriaunevičienė
Maartje Jaquet
Richard y Judith Lang
Nana Rosenørn Holland Bastrup
Bart De Keyser/Slumbird
Marc Sparfel
Anna Taratiel
Natasha Tastachova

Marieke Thomassen (cubierta)
Gertie Jaquet (retratos y sellos de pájaros)
BIS publishers

Dirección de arte y diseño gráfico:
Anja Brunt, Ámsterdam
Tineke Meirink, Groningen

Fotografía:
Tineke Meirink & Anja Brunt (DIY)
y todos los artistas participantes

Título original: *Trashures. The beauty of useless stuff*
Publicado originalmente en 2016 por
BIS Publishers

Traducción: Julio Fajardo
Diseño de la cubierta: Toni Cabré/
Editorial Gustavo Gili

Printed in China
ISBN: 978-84-252-3057-8

Editorial Gustavo Gili, SL
Via Laietana 47, 2º, 08003 Barcelona,
España. Tel.: (+34) 933228161
Valle de Bravo 21, 53050 Naucalpan,
México. Tel.: (+52) 5555606011